Der M

Friedrich Wilhelm Hermann Wagener

Alpha Editions

This edition published in 2022

ISBN : 9789356901186

Design and Setting By
Alpha Editions
www.alphaedis.com
Email - info@alphaedis.com

Contents

Contents

Einleitung

Am 12. September 1905 wurde in einer Versammlung der Kriminalistischen Vereinigung zu Hamburg die Behauptung aufgestellt, in Deutschland gäbe es keinen Mädchenhandel. Dieser ginge von Polen, Ungarn, Galizien über die Häfen des Mittelländischen und Schwarzen Meeres nach Amerika, der Levante und Südafrika. Es sei also Aufgabe dieser Länder, den Mädchenhandel aus der Welt zu schaffen; Deutschland habe keine Veranlassung, besondere Maßregeln zu ergreifen. Diese Verhandlungen haben der Bewegung gegen den Mädchenhandel nicht unwesentlich geschadet. Viele Menschen glaubten natürlich den Richtern mehr als dem Deutschen National-Komitee und nehmen an, daß die Angaben des letzteren viele Übertreibungen enthielten und deshalb das große Publikum keine Veranlassung habe, sich an der Bewegung zu beteiligen.

Das Deutsche National-Komitee zur Bekämpfung des Mädchenhandels hat sich von Anfang an bemüht, dieser Ansicht entgegenzutreten und den Beweis zu führen, daß auch in Deutschland ein lebhafter Mädchenhandel besteht. Ich benutze deshalb gern die Gelegenheit, aus meinen Erfahrungen, die ich in langjähriger praktischer Arbeit habe sammeln können, das zu veröffentlichen, was ich für die Verallgemeinerung unserer Tätigkeit für nützlich und vorteilhaft halte. Ich habe nicht die Absicht, ein wissenschaftliches, juristisches Werk zu schreiben. Ich beabsichtige lediglich, die jungen Mädchen und deren Angehörige vor den Gefahren zu warnen, die ihnen im Ausland drohen, und den Beweis zu liefern, daß die Verhältnisse sich nicht ändern können, wenn wir nicht ebenfalls unsere Ansichten respektive unsere Lebensweise ändern. Außerdem will ich zeigen, daß der Mädchenhandel nur dann aus der Welt verschwinden kann, wenn die Bordelle beseitigt werden.

Der Kampf gegen den Mädchenhandel bewegt sich auf drei Gebieten: Information, Agitation und Organisation. Große Erfolge sind bisher nur auf dem Gebiet der Information erreicht, nicht ganz unerhebliche, wie weiter unten gezeigt werden soll, auf dem der Organisation erzielt. Die Agitation aber trifft überall auf die stumpfe Gleichgültigkeit des großen Publikums. Der Grund ist ein doppelter: einmal die Überschwemmung Deutschlands mit wohltätigen Vereinen, und deshalb die Schwierigkeit der Begründung neuer Vereine, dann aber das Gefühl, daß man einer nicht zu bewältigenden Aufgabe gegenübersteht. Vielleicht zeigen die folgenden Zeilen, daß es doch eine Möglichkeit gibt, das gesteckte Ziel zu erreichen, und vielleicht läßt sich der eine oder der andere Leser bestimmen, seine bisherige Zurückhaltung aufzugeben.

Der Handel mit Mädchen

Charakteristik des Mädchenhandels

Ehe ich die juristische Definition des Wortes „Mädchenhandel" gebe, möchte ich ganz kurz die Verhältnisse beleuchten, die vor nunmehr zwölf Jahren zu der internationalen Vereinigung der meisten zivilisierten Nationen führten, welche sich die Bekämpfung des Mädchenhandels zur Aufgabe gestellt haben. Der Gedanke, daß der Sklavenhandel in jeder Gestalt verschwinden müsse, daß es also auch keine Geschlechtssklavinnen geben dürfe, war so mächtig, daß dagegen alle Verschiedenheiten der sonstigen Ansichten verschwanden und die Internationalität dieser Idee überall anerkannt wurde.

Was durch diese Zusammenarbeit bisher erreicht ist, und was noch zu erreichen bleibt, bildet den Hauptinhalt der folgenden Zeilen.

Der Mädchenhandel setzt sich, wie jeder Handel, aus Export, Import und Transithandel zusammen. Deshalb kommen auch alle drei Formen in allen Ländern vor, aber im allgemeinen ist eine dieser Formen in den einzelnen Ländern die bevorzugte. Deutschland hat in erster Linie einen Transitverkehr von Osten nach Westen und muß deshalb sein Augenmerk darauf richten, daß über die schlesische, posensche und preußische Grenze keine Mädchen hineinkommen und in Herbesthal und Emmerich resp. in Hamburg und Bremen, ev. auch nach den italienischen Häfen keine Mädchen herausgebracht werden. Trotzdem also die Verhältnisse ziemlich einfach liegen, sind sie doch noch recht wenig bekannt. Welche falsche Vorstellungen vom Mädchenhandel spuken noch in einzelnen Köpfen! Der Grund hierfür liegt in dem unglücklich gewählten Wort „Handel".

Was wird alles als Handel bezeichnet?

Wie oft hört man von einem Verhandeln der Mädchen sprechen, wenn die Eltern ihre Tochter zwingen, einen ungeliebten Mann zu heiraten, damit sie eine gesellschaftlich gesicherte Stellung oder einen vornehmen Namen dafür eintauschen! Worin besteht die ganze Tätigkeit der Schadchen beim Abschluß jüdischer Ehen? Was tun die Orientalen, wenn sie sich Sklavinnen kaufen und sie zu ihren Neben- oder gar Hauptfrauen machen? Wie liegen die Verhältnisse in Japan und China? Niemand, der die Verhältnisse kennt, wird aber bei diesem Handel von einem strafbaren Mädchenhandel sprechen. Hierzu gehört 1. die Verschleppung und 2. die Versorgung anderer mit käuflicher Ware, und zwar stets zum Zweck der Gewerbsunzucht. Wie die Erfahrung gelehrt hat, kommt man aber mit diesen beiden Gesichtspunkten nicht aus. Ob es möglich sein wird, einen für sich selbst betriebenen Mädchenhandel zu bestrafen, erscheint unwahrscheinlich. Das Deutsche

National-Komitee hat allerdings zwei Fälle verfolgt, die beide die Möglichkeit eines Handels für sich selbst zu bieten schienen. Einmal hatte ein reicher Pelzhändler in Berlin einer Mutter die 16jährige Tochter für 20000 Mark abgekauft, um sie für sich auszuhalten. Es gelang der Polizei, das Mädchen zu befreien und die Mutter wegen Kuppelei zu verklagen. Da die Tochter aber ihr Zeugnis verweigerte, war die Bestrafung der Mutter unmöglich. Ein anderes Mal ließ sich ein in der Krim wohnender Gutsbesitzer jahrelang Kindermädchen, Wirtschaftsfräulein und Hausdamen nach seinem Gut kommen, von denen er verlangte, daß sie musikalisch seien, Deutsch sprächen und sich ihm zur Verfügung stellten. Da die Mädchen auf diese Bedingungen eingegangen waren und eine Klage weder erheben wollten noch konnten, erfolgte auch in diesem Fall keine Bestrafung. Obgleich dieser Gutsbesitzer der intellektuelle Urheber eines Mädchenhandels war, so würde ihn doch kein Gericht als Mädchenhändler bestrafen; es wäre sogar zweifelhaft, ob gegen die Vermittlerin eine Klage wegen Kuppelei Erfolg haben würde.

Im großen und ganzen ist der Mädchenhandel durch die Einrichtung der öffentlichen Häuser entstanden und wird jetzt beinahe ausschließlich durch diese Häuser unterhalten. Privatleute werden sich nur in Ausnahmefällen Mädchen kaufen können, und wenn sie es tun, werden sie niemals Handel mit ihnen treiben. Die Bordelle sind aber auf diesen Handel direkt angewiesen, weil sie einesteils durch die Krankheit der Mädchen, anderenteils durch den Geschmack ihrer Klienten fortwährend zu einem Wechsel gezwungen werden. Nun sind die Bordelle nach der Größe der Stadt, nach der Rasse der Bewohner, nach der Stellung der Besucher, nach ihrer Einrichtung und vor allem nach den Preisen so verschieden, daß nur ein kleiner Teil derselben als Quelle des Mädchenhandels angesehen werden kann. Die meisten öffentlichen Häuser haben es gar nicht nötig, sich um Neulinge zu bemühen, weil sich leider stets Mädchen in genügender Anzahl zum Eintritt in diese Häuser melden. Durch das Wohnen in den Bordellen ist ein Teil der Mädchen sittlich so gesunken und verkommen, daß sie gar nicht mehr die Kraft besitzen, sich zu einer anständigen Tätigkeit aufzuschwingen, und deshalb so lange wie möglich in diesen Häusern bleiben. Aber gerade die teuersten und elegantesten Häuser brauchen fortwährend frische Ware, und diese Neulinge kommen dorthin nicht von selbst, sie müssen gesucht und dann durch List und Betrug in diese Häuser geschmuggelt werden. Ihre Beschaffung ist die Aufgabe der Mädchenhändler. Diese sind international und bilden eine Reihe von Ringen, die das notwendige Material herbeizuschaffen suchen. Bei Beginn der Bewegung wußte man anscheinend von dieser Organisation so gut wie nichts. Es waren wohl einzelne Händler gefaßt worden, aber über ihre Verbindungen untereinander war wenig bekannt. Nach der allgemeinen Ansicht bestand in Buenos Aires eine Zentrale, welche ihre Agenten in die verschiedenen Länder schickte, um dort das notwendige Material für die eleganten Bordelle der ganzen Welt zu beschaffen. Diese Ansicht war eine irrige. Der Neid und die Mißgunst der Händler untereinander, der Unterschied im Geschmack, die Verschiedenheit der Sprache ließ eine Reihe von kleinen Ringen entstehen, die aus bestimmten Ländern und Gegenden die Versorgung der Bordelle in anderen bestimmten Ländern übernahmen.

Man muß sich das Verhältnis ähnlich denken wie bei den Wucherern. Die wirklichen Geldgeber bleiben im Verborgenen, die kleinen Halsabschneider vermitteln die Geschäfte und erhalten hierfür ihre Provision. Zu den bekannteren Firmen gehören: Jimi Withmann, Emanuel Scherz, Madame Hertzog, Franz Herlich, Franziska Schwarz, Georgine Eidselmann, bei weitem der größere Teil ungarische, polnische und galizische Juden.

Charakteristik der Mädchenhändler

Eine Charakteristik oder Schilderung der Mädchenhändler zu geben, ist schwierig. Wulffen[1] versucht in Nachstehendem eine solche:

„In psychologischer Beziehung ist zu bemerken, daß der Mädchenhändler, ein Kupplertypus, in erster Linie ‚Geschäftsmann' ist. Er kommt zu seinem Gewerbe durch wirtschaftliche Bedürftigkeit, Notlage und Gelegenheit. Häufig hat er zuvor in anderen Erwerbszweigen keine Erfolge gehabt. Er bedarf einzelner Charaktereigenschaften, vor allem der Schlauheit und Entschlossenheit, um mit Gewinn zu arbeiten; andererseits muß er nachgiebig und schmiegsam sein. Auch Überredungsgabe und Handelssinn beim Anwerben und Zuführen der Opfer muß er besitzen. Die Mädchen muß er mit Freundlichkeit und Aufmerksamkeit behandeln. Alle diese Eigenschaften finden sich bei dem Juden zusammen. Über das künftige Schicksal der geworbenen Mädchen macht er sich keine Skrupel. Wennschon er ein Menschenhändler ist, braucht er nicht gefühllos zu sein. Äußerlich führt er oft die Mädchen aus Not und Elend zu einem Wohlleben, um das er sie zuweilen beneiden könnte. Aus Beispielen weiß er, daß viele Mädchen selbst sich solches Leben wünschen. Er kann sich sogar einbilden, ihnen Gutes zu erweisen. Ihm selbst, dem die Behörden fortgesetzt auf dem Nacken sitzen, ist bei seinem Gewerbe auch nicht immer recht wohl. Die Hinterlist, mit der er beim Anwerben häufig — nicht immer — verfahren muß, das Gefühl der Überlegenheit, das er dem ins Garn gegangenen Mädchen und den getäuschten Behörden und Beamten gegenüber empfinden lernt, können in seinem Charakter zuweilen eine sadistische Härte entwickeln, die sogar, wenn er eine sinnliche Natur ist, mit Rücksicht auf das künftige Sexualleben seiner Opfer des geschlechtlichen Untergrundes nicht entbehrt. Dann erlaubt er sich kleine Vertraulichkeiten als Zeichen angeblicher Fürsorge. Der geile Mädchenhändler ist eine psychologisch interessante Erscheinung. Zuweilen fällt er plump aus der Rolle; aber die betörten Mädchen ahnen kein Unheil. Manchmal zeichnet ihn im Innern große Herzenskälte, ja Bosheit, aus. Gereizt, kann er leicht brutal werden. Die weibliche Geschlechtsehre achtet er für nichts. Das junge Weib ist ihm eine Ware, für die er nur die Sorgfalt des Händlers hat."

[1] Staatsanwalt Dr. Wulffen, Der Sexualverbrecher. 18 Mk., geb. 20 Mk. Im gleichen Verlage.

Organisation der Mädchenhändler

Das Deutsche National-Komitee führt in seinen Listen über 1400 Namen von Leuten, die den Mädchenhandel wirklich ausgeführt oder sich wenigstens dessen verdächtig gemacht haben. Darunter sind alle Gesellschaftsklassen vertreten, besonders Stellenvermittler, Vermieterinnen, Zuhälter, Impresarien, Masseusen, Hebammen, Auswanderungsagenten. Natürlich treten sie nicht in dieser Stellung auf, sondern suchen eine möglichst harmlose Rolle zu spielen, um keinen Verdacht zu erregen. In Wien war eine Mädchenhändlerin Mitglied von vier religiösen Vereinen, in der Schweiz wohnte eine solche stets in christlichen Hospizen, in anderen Städten treten sie wieder als Fremdenführer und Droschkenkutscher auf. Auch Sprachlehrer befassen sich vielfach mit der Verkuppelung von jungen Mädchen. Ganz aufgedeckt ist die Organisation noch nirgends. Durch Verrat eines Mitgliedes, vor allem dadurch, daß er seine Verbindungen mit der Polizei zugab, ist in New York das Vorhandensein von drei großen Gesellschaften festgestellt. Die gefährlichste ist Tammany-Hall, dessen jüngste Mitglieder lediglich die Aufgabe hatten, die Mädchen zu verführen. Über ihr Treiben sind in der letzten Zeit mehrfache Publikationen erschienen, und man macht in New York Anstrengungen, diese „Kadetten" völlig zu beseitigen.

Allerdings hat die unter John Rockefellers Vorsitz einberufene „White Slave Grand Jury" durch ihre Untersuchungen festgestellt, daß die gegen New York erhobenen Vorwürfe nicht begründet sind, und daß „New York the cleanest great city in the world" sei. Dieses Resultat ist aber mit großer Vorsicht aufzunehmen, seine Richtigkeit wird auch in Amerika selbst bezweifelt. Festgestellt ist jedenfalls, daß bestimmte Mädchenhändlerklubs bestanden haben und einer noch besteht. Daß man die Verbindungen dieser Klubs untereinander nicht feststellen konnte, ist sehr begreiflich. Die Mädchenhändler vermeiden es nach Möglichkeit, irgend etwas Schriftliches herauszugeben. Ihre Tätigkeit wird durch mündliche und persönliche Vermittlungen reguliert. Gerade hierin liegt ja die Schwierigkeit ihrer Verfolgung. Außerdem hat auch der Staatsanwalt Whitman eine sehr plausible Erklärung abgegeben: „Die Händler wußten, daß diese staatliche

Untersuchung stattfinden würde und vermieden deshalb in der letzten Zeit jede Tätigkeit, welche zu einer Untersuchung oder Anklage Veranlassung geben könnte." Dazu kommt, daß sich die Untersuchung lediglich auf die Stadt New York selbst erstreckte, während von den übrigen Städten der Union nichts gesagt ist. Die Einwanderungskommission kommt zu einem völlig entgegengesetzten Resultat: Der Mädchenhandel hat in den Vereinigten Staaten einen so großen Umfang angenommen, daß die Einwanderungsbehörde aufs höchste beunruhigt ist. Die Behörde hatte Spezialbeamte beauftragt, Untersuchungen in New York, Chikago, San Franzisko, Seattle, Portland, Salt Lake City, Odgen, Butte, Denver, Buffallo, Boston und New Orleans anzustellen. Das Ergebnis war, daß New York als Hauptplatz in Betracht kommt. An New York reihen sich Montreal, Seattle, San Franzisko, San Antonio, Boston, Cleveland und Chikago.

Diese Spezialbeamten haben erneut die Verbindungen der Händler untereinander festgestellt. Einer unterstützt den anderen, und sogar ein ganz Fremder wird mit den nötigen Empfehlungen von dem Zunftbruder bereitwilligst aufgenommen und, wenn nötig, vor den Blicken der Polizei verborgen gehalten. Zurzeit kommen zwei große Organisationen, eine französische und eine israelitische, in Betracht. Diese beiden machen sich gegenseitig fortwährend Konkurrenz, halten aber gegen die Polizei, den gemeinsamen Feind, stets geschlossen zusammen. In mehreren Städten gibt es beständige französische Hauptquartiere, wo die französischen Importeure und Kuppler sich ein Rendezvous geben und ihre Geschäfte erledigen. Eine dieser Gesellschaften hatte sich unter dem Namen „New York Independent Benevolent Association" gesetzlich eintragen lassen. Diese Kommission stellt auch die innige Freundschaft zwischen den Händlern und gewissenlosen Polizisten an den Pranger. Es ist wiederholt festgestellt, daß die Polizisten fortlaufende hohe Gehälter bezogen, damit sie die ihrer Kontrolle unterstellten Häuser unbelästigt ließen. In New York war der Polizeipräsident und viele seiner Beamten angeklagt, mit den Mädchenhändlern unter einer Decke zu spielen. Der Präsident, dem nachgewiesen war, daß er persönlich Geld von den Mädchenhändlern genommen hatte, erschoß sich.

Die Untersuchungen dieser Kommission haben zu dem Erlaß des Gesetzes vom 26. März d. J. geführt, das den Mädchenhändlern schwere Freiheits- und hohe Geldstrafen androht.

Auch die übrigen Staaten Maryland, Rhode Island, New Yersey, Virginien, Massachusetts, Ohio, Süd-Carolina und Louisiana haben ebenfalls bereits Sondergesetze zur Unterdrückung des Mädchenhandels erlassen, ein weiterer Beweis, daß die Reinheit der Vereinigten Staaten doch nur eine geringe ist.

Es ist eben in der ganzen Welt dasselbe. Die verhandelten Mädchen sagen nichts aus Furcht vor den Händlern; die Unterbeamten schweigen, weil sie bestochen sind. Wenn also die höheren Beamten nicht energisch durchgreifen und das große Publikum nicht auffallende Tatsachen mitteilt, blüht der Mädchenhandel im Verborgenen ruhig weiter.

Die Schwierigkeit liegt hauptsächlich darin, daß die Mädchenhändler der ganzen Welt über sehr bedeutende Summen verfügen und deshalb durch Bestechung der unteren Polizeiorgane überall Gelegenheit finden, sich aus den schwierigsten Situationen herauszuziehen. Die Polizei ist natürlich stets entrüstet, wenn man ihr Bestechlichkeit vorwirft. Leider ist diese aber in vielen Ländern durch eine große Anzahl von Gerichtsverhandlungen nachgewiesen. Dazu kommt, daß die Hauptaufgabe aller Vereine und selbst der Behörden nicht darin besteht, die Mädchenhändler zu bestrafen, sondern zu verhindern, daß überhaupt Mädchenhandel getrieben wird. Mädchen, die in einem Bordell gewesen sind, finden in keinem anständigen Hause eine Stellung. Es kommt immer wieder darauf an, diese Zustände öffentlich bekanntzumachen und Mittel zur Rettung der Mädchen anzugeben. Bücher wie „Die weiße Sklavin“ von Elisabeth Schoyen oder „Der heilige Skarabäus“ von Frau Jerusalem enthalten zwar einige Irrtümer. Trotzdem kann man aus ihnen die verschiedenen Mittel der Mädchenhändler, um ihre Opfer gefügig zu machen, kennen lernen. Ich greife eine Anzahl von Fällen heraus, die in den letzten Jahren eine gewisse Berühmtheit erlangt haben.

Beispiele aus dem Mädchenhandel der Neuzeit

In Warschau lebte ein Zigarettenarbeiter mit seiner Frau und seiner bildhübschen 16jährigen Tochter Pauline. Durch unglückliche Verhältnisse war er gezwungen, von Herrn Israel Loput die Summe von 150 Rubel zu borgen. Dadurch kam er vollständig in die Hände dieses Mannes und siedelte mit ihm nach London über, während Frau und Tochter in Warschau zurückblieben. Nach kurzer Zeit forderte der Vater seine Familie auf, ihm nach London zu folgen, p. Loput würde ihnen das Reisegeld bringen. Natürlich fuhr Loput mit den Frauen nicht nach London, sondern über Genua nach Brasilien. In Rio de Janeiro veranlaßte Loput die Frau, ans Land zu gehen, während das Schiff nach Buenos Aires weiterfuhr. Dort verkaufte Loput die Tochter für 4000 Mk. an ein öffentliches Haus.

In demselben Jahr wurde in Pest der jüdische Mädchenhändler Hermann Bahr aus Galizien verhaftet, als er mit einem Transport von 25 Mädchen nach Konstantinopel abreisen wollte. Bahr, der dort ansässig ist, exportierte jährlich mehrere hundert Mädchen nach Konstantinopel, wo sie in Galata öffentlich für 400 bis 1500 Mk., je nach Schönheit, verauktioniert wurden. Die Mädchen wurden zunächst als Kassiererinnen oder Stubenmädchen mit großem Gehalt engagiert und über ihr Schicksal möglichst in Unkenntnis gehalten. Wenn sie dann die Wahrheit entdeckten, war ein Rückzug unmöglich. Bahr hatte zahlreiche männliche und weibliche Agenten und ein vollständig eingerichtetes Bureau. Seine Firma lautet: Bahr, Exporteur für den Orient.

In das Haus eines wohlhabenden Kaufmanns in Szatmar (Ungarn) ließ sich ein ehrbar aussehender älterer Herr einführen, der sich Oskar Klein nannte und sich auf einen Kunstmäzen aufspielte. Er entdeckte auch sehr bald, daß eine der Töchter des Kaufmannes, ein bildschönes Mädchen, eine geborene Opernsängerin, ein aufgehender Stern am Theaterhimmel sei. Er wolle der künftigen Größe die Wege zum Ruhme ebnen und, dank seinen einflußreichen Verbindungen, ein Engagement in München durchsetzen. Damit sei ihr Glück so gut wie gemacht. Die Eltern waren überglücklich. Der Vater übergab dem väterlichen Freunde die Tochter und händigte ihm außerdem zur Ausbildung 2000 Gulden ein. Herr Klein fuhr nun mit dem Mädchen und fünf anderen Kunstnovizen nach Konstantinopel, um dort angeblich ein deutsches Theater zu gründen, in Wirklichkeit aber, um die Mädchen zu verkaufen. Im letzten Augenblick gelang es den Mädchen, zu entfliehen.

In Lemberg erschien ein gewisser Harry H. angeblich zum Besuch seiner dort lebenden Eltern und legitimierte sich als Agent einer Goldminengesellschaft. Der elegante junge Mann lernte die Tochter Klara eines Beamten der israelitischen Kultusgemeinde kennen und bewarb sich nach kurzer Bekanntschaft um deren Hand. Die Eltern gaben ihre Einwilligung, und nach der Trauung trat das junge Paar eine Hochzeitsreise an, wie Harry H. angab, nach Wien. In Wirklichkeit reiste das junge Paar nach Buenos Aires, von wo der Ehemann kurz darauf einen Brief an die Schwiegereltern richtete, in welchem er die Änderung des Reiseplanes durch verschiedene Ausflüchte rechtfertigte. Von seiner Frau enthielt der Brief nur wenige Zeilen. Wie sich nachträglich herausstellte, hatte der junge Ehemann seine Frau unmittelbar nach der Ankunft an ein öffentliches Haus verkauft.

Im Prater zu Wien lernte die Köchin Marie H. den Agenten Chaim Apter kennen, der sie noch am selben Abend in die Gesellschaft seiner Brüder Scholem und David Apter brachte. Die Brüder spiegelten dem Mädchen vor, ihr in Amerika eine Stellung als Köchin verschaffen zu wollen. Sie erhalte neben freier Station 60 Dollar Monatsgehalt, freie Reise und viele Geschenke. Marie H. erklärte sich bereit, die Stellung anzunehmen, und traf eines Morgens mit Scholem Apter und einem anderen Mädchen zusammen, um die Reise nach Amerika anzutreten. Apter instruierte die Mädchen, wie sie sich unterwegs zu verhalten hätten. Sie sollten mit niemand sprechen, in keiner Station den Wagen verlassen und vor allem so tun, als ob sie ihn, ihren Führer, niemals gesehen hätten. Durch einen glücklichen Zufall wurden auch diese Mädchen befreit. Anderenfalls wären sie auf immer in einem Bordell verschwunden.

In Paris wurden zwei Mädchenhändler verhaftet, welche französische Tänzerinnen für die englischen Garnisonen in Südafrika anwerben sollten. Es wurde festgestellt, daß 25 Sängerinnen aus Ungarn nach Korfu gebracht wurden, von wo sie über Alexandria nach Südafrika befördert wurden. Ebendorthin wurden sizilianische und neapolitanische Tänzerinnen verschleppt.

In Lodz wurde eine ganze Bande von Mädchenhändlern abgefaßt. Unter der Vorspiegelung, ihnen in Buenos Aires einen steinreichen Bräutigam zu verschaffen, überredeten die Agenten, deren Hauptsitz Bendzin war, junge Mädchen zur Auswanderung nach Argentinien. Die Seele dieser Händler und Agenten war ein gewisser Moszek. In seinem Hause in Bendzin wurden die Mädchen zu üppigen Mahlzeiten eingeladen, betrunken gemacht und dann nach Sosnowice gebracht. Dort erhielten sie ihren falschen Paß und fuhren dann über Kattowitz, Wien nach Genua, wo die Transporte zusammengestellt wurden. Derartige Transporte gingen in jedem Jahr vier bis fünf ab.

Einer der bekanntesten und gefährlichsten Mädchenhändler, der schon seit etwa 15 Jahren gesucht wurde, sich aber stets durch gefälschte Papiere der Verhaftung zu entziehen wußte, Israel Meyrowicz wurde in Kattowitz gefaßt und zu drei Jahren Zuchthaus und fünf Jahren Ehrverlust verurteilt. Er trieb den Mädchenhandel, indem er mit den Mädchen Scheinehen einging und sie dann ins Ausland abschob. Diese Scheinheiraten sind noch heute, wie bereits geschildert, eins der gebräuchlichsten Mittel, um die Mädchen ins Ausland zu verschleppen. Diese Ehen sind um so leichter herbeizuführen, weil die Eltern selbst ihren Töchtern den Abschluß der Ehen anraten. Die Agenten gehen in die ärmsten Gegenden Galiziens und versprechen den Mädchen die glänzendste Zukunft, legen auch dahinzielende Kontrakte, die natürlich ebenfalls gefälscht sind, vor. Die Eltern können weder lesen noch schreiben und geben, in der Hoffnung, eine Tochter ohne Aussteuer und Mitgift an den Mann zu bringen, gern ihre Einwilligung. Das junge Paar reist glückstrahlend nach einem Hafen, in dem der Mann, nachdem er die Frau an Bord gebracht hat, unter einem nichtigen Vorwand verschwindet. Er schickt dann in den nächsten Hafen eine Depesche, daß er mit dem folgenden Schiffe nachkäme. Die junge Frau reist nun ohne Besorgnis in ihre neue Heimat, wo sie sofort in ein Bordell gebracht wird.

Von dieser Art des Mädchenhandels können wir aus jedem Jahr zahlreiche Beispiele anführen.

Eine großartige Organisation von Mädchenhändlern wurde vor einigen Jahren in Frankreich entdeckt. An der Spitze der in Bois de Colombes bei

Paris wohnenden Bande stand der Brauereibesitzer Rigal, einer der angesehensten Bürger seiner Gemeinde. Er stand an der Spitze aller wohltätigen Vereine und besaß mehrere Hotels. Sein Kompagnon Dumortier hielt sich einen großen Rennstall, trat in der besten Gesellschaft auf und hatte ausschließlich die Aufgabe, die verschleppten Mädchen zu verführen. Diese Bande lieferte nach London, New York, Venezuela und Transvaal und hat Hunderte von Mädchen der Schande zugeführt.

Ganz unglaubliche Zustände müssen in der Mandschurei geherrscht haben. Ein Polizei-Urjadnik in Chailar hat die Besitzerin eines Bordells aus dem Hause vertrieben und dann selbst die Leitung des Geschäftes übernommen. Seine offizielle Stellung benutzte er dazu, junge Mädchen, die ihm gefielen, in sein Haus zu bringen oder, wenn sie sich weigerten, dies zu tun, sie einfach auszuweisen. Auf diese Weise war es ihm möglich, seinen Klienten stets neue und frische Ware anzubieten.

Der ungarische Mädchenhändler Breier (manchmal auch Dr. Oppermann genannt) hatte es verstanden, sich in eine angesehene Berliner Familie einzuführen und sich mit der Tochter des Hauses zu verloben. Trotzdem der jungen Dame offiziell mitgeteilt wurde, daß Breier ein berüchtigter Mädchenhändler und bereits lange verheiratet sei, ging die Tochter mit ihm nach Budapest. Von dort schrieb Breier auch an die jüngere Schwester und lud sie zur Hochzeit ein. Glücklicherweise folgte das junge Mädchen dieser Einladung nicht. Wahrscheinlich hätte sie sonst dasselbe Schicksal ereilt, wie ihre Schwester. Von dieser erhielten die Eltern nur eine Postkarte mit den traurigen Worten: „Es grüßt Euch Eure tiefunglückliche Jenni." Sie wurde später in Wien ermittelt, weigerte sich aber, zu ihren Eltern zurückzukehren.

Ähnlich wie diese Individuen treibt auch eine große Anzahl von Impresarien Mädchenhandel. Der Singspieltheater-Unternehmer Preußer zwang die Mitglieder seiner Truppe, nach den Vorstellungen an Soupers in Cabinets séparés teilzunehmen. Vier von seinen Sängerinnen reichten, sobald sie ihr Engagementsverhältnis gelöst hatten, eine Klage wegen Kuppelei gegen Preußer ein, in der sie ihn außerordentlich schwer belasteten. Preußer brachte aber die Mädchen seiner gegenwärtigen Truppe als Entlastungszeuginnen, die sämtlich in der leichtfertigsten Weise beschworen, daß nichts Unrechtes geschehen sei. Eine Verurteilung des Preußer wurde hierdurch illusorisch. Der Fall beweist deutlich, welche dämonische Gewalt diese Unternehmer auf ihre Angestellten ausüben, und wie schwer es den Gerichten gemacht wird, die Händler zu verurteilen, selbst wenn sie Beweise von dem Treiben derselben gewonnen haben. Alle diese Leute sehen in einem Meineid nur dann ein Verbrechen, wenn sie dabei gefaßt werden.

In Hamburg wurde der Mädchenhändler Veith verhaftet, der auch in Berlin nicht unbekannt war. Er hatte sich eine Künstlertruppe „Die sieben Libellen“ zusammengestellt, mit der er durch Rußland, Österreich, Holland, Italien und Deutschland zog und seine Künstlerinnen zur Unzucht anhielt. Mädchen, die sich als Künstlerinnen nicht bewährten, wurden ohne weiteres an die öffentlichen Häuser in Buenos Aires verkauft. Er wurde durch einen Zufall festgenommen. Eins der Mädchen, welches verhandelt werden sollte, war entflohen und hatte sich in Hamburg als Kellnerin engagieren lassen. Diese sah den p. Veith mit einem Mädchen auf der Straße und veranlaßte seine Verhaftung. Das Mädchen, mit dem er die Ausreise antreten wollte, hatte er von der eigenen Mutter für 1000 Mk. gekauft.

In Berlin tauchte ein gewisser Meder aus Bayern auf, der sich für den Leiter einer Tiroler Gesellschaft ausgab. Er hatte bereits fünf Mitglieder bei sich und nahm in Berlin ein 16jähriges Mädchen F. Sch. als jüngstes Mitglied zu seiner Truppe. Die Gesellschaft reiste über Warschau nach Tiflis, wo er sich mit seiner Truppe produzierte und die einzelnen Mädchen an reiche Russen zu verschachern suchte. Die deutschen Gäste des Lokals veranstalteten eine Sammlung, um die Mädchen den Händen ihres Impresarios zu entreißen. Es gelang ihnen auch, die nötigen Gelder zusammenzubringen und die Mädchen zu befreien.

Berüchtigt ist der Mädchen- und zugleich Diamanthändler Malitzki, bei dem es vor zwei Jahren gelang, ihn wegen derselben Handlung zweimal zu bestrafen. Er hatte ein Mädchen an ein öffentliches Haus in Johannesburg geliefert und beutete sie derart aus, daß sie Anzeige an die englischen Behörden erstattete. Malitzki wurde zu zwei Jahren schwerer Arbeit verurteilt, weil er ein Mädchen an ein Bordell geliefert hatte. Als er nun zurückkehrte, um sich „frische Ware“ zu holen, wurde er bei uns verhaftet und mit 1½ Jahren Zuchthaus bestraft, weil er ein deutsches Mädchen zur Unzucht ins Ausland verschleppt hatte (§ 48 des Auswanderungsgesetzes).

In ähnlicher Lage war die Haushälterin Margarethe Delfs aus Hamburg, die in New York verurteilt wurde, weil sie dort drei Mädchen zur Prostitution verhandelt hatte. Nach Deutschland zurückgekehrt, wurde sie zum zweitenmal verurteilt, weil sie vor ihrer Abreise bei einem vierten Mädchen den Versuch der Verschleppung gemacht hatte. Dieses Mädchen hatte sich seinerzeit geweigert, mitzufahren, hatte aber gegen die Delfs eine Anzeige erstattet.

In Metz wurden drei Mädchenhändler, zwei Geschwister Hahnen und ein Sebastian Zannoni, welche nach Argentinien exportierten, zu 3 resp. 1½ Jahren Zuchthaus verurteilt. Durch die bei ihnen beschlagnahmte Korrespondenz gelang es, einer weitverbreiteten Verbindung von Mädchenhändlern auf die Spur zu kommen. Auch bei den beiden vor kurzer

Zeit in Berlin verhafteten Silberreich und Wallerstein sind zahlreiche Briefe aus Paris und Buenos Aires gefunden, die es möglich machten, auch hier wieder den internationalen Verbindungen nachzugehen.

Dieser Fall spielte sich folgendermaßen ab: Zwei russische Mädchenhändler, Silberreich und Wallerstein, waren 1910 nach Berlin gekommen, um hier junge und frische Ware für Buenos Aires einzukaufen. Natürlich mußten sie hierzu schon lange vorher ihre Vorbereitungen treffen. Ein unbedeutendes Hotel in schlechter Gegend war das Absteigequartier der aus dem Osten kommenden Händler. Dort gaben sie sich regelmäßig ihr Rendezvous. Der Besitzer des Hotels war über das Geschäft genau orientiert und hatte als Vertrauensperson für seine Kunden eine russische Köchin engagiert, deren ständige Anwesenheit in Berlin auch nur durch eine Gesetzesübertretung ermöglicht wurde. Diese Köchin hatte keinen längeren Auslandspaß, sondern nur einen Paß für eine Reise nach Deutschland. Infolgedessen hatte dieser nur eine Gültigkeit von drei Monaten. Die Köchin mußte also nach drei Monaten abgemeldet werden. Dies geschah auch, sie reiste aber nicht ab, sondern ließ sich nach sechs Monaten wieder von neuem anmelden. Auf diese Weise konnte sie ohne Erlaubnis ihren ständigen Aufenthalt in Berlin nehmen und mit allen möglichen Frauen Verbindungen anknüpfen. Da die Händler stets bar bezahlen, waren auch genügend Kupplerinnen vorhanden, die ihnen das notwendige Material lieferten. Dies mußte aber stets sehr vorsichtig geschehen. Mehr als zwei Mädchen nahm ein Händler persönlich nicht mit sich auf Reisen. Aus den Verhandlungen gewann man den Eindruck, daß dieses Geschäft schon seit Jahren blühte. Nur scheint es so, als ob die frühere Lieferantin nicht mehr existierte. Ob sie gestorben oder verzogen ist, oder ob sie sich mit den Händlern überworfen hat, wurde durch die Verhandlung nicht festgestellt. Jedenfalls hatte sich die Russin jetzt an eine Frau M. gewendet, die bisher mit Mädchenhandel nichts zu tun hatte. Diese erklärte sich bereit, die verlangten Mädchen zu stellen, dachte aber im entferntesten nicht daran, den Mädchenhandel wirklich zu unterstützen. Sie bat vielmehr ihren Mann um Rat, wie sie sich im vorliegenden Fall zu verhalten habe. Der Mann schickte sie zur Zentralpolizeistelle, damit diese die ganze Angelegenheit in die Hände nähme. Hierdurch konnte der Handel genau in der von uns wiederholt beschriebenen Weise zu Ende geführt werden. Zunächst wurden zwei Polizeiagentinnen zur Verfügung gestellt, die sich zur Reise nach Buenos Aires bereit erklärten. Die Händler hatten gar kein Geheimnis daraus gemacht, daß sie die Mädchen in ein öffentliches Haus bringen wollten, hatten aber verboten, daß auch die Mädchen über ihre Reise aufgeklärt würden. Diese sollten vielmehr glauben, daß sie als Haushälterinnen für ein anständiges Haus engagiert würden. Diese Vorspiegelung falscher Tatsachen ist unbedingt notwendig, da kein anständiges Mädchen eine Stellung in einem Bordell annehmen würde.

Die beiden Polizeiagentinnen wurden als zu alt und zu wenig hübsch zurückgewiesen. Infolgedessen veranlaßte Frau M. eine junge Frau von einigen 20 Jahren und ihre auffallend hübsche 16jährige Nichte, auf das Spiel einzugehen. Diese beiden fanden Gnade vor den Augen der Händler. Sie erklärten sich bereit, schon am nächsten Tage mit ihnen nach Paris abzureisen. Bis zur Abreise sollten sie nun unter der Obhut der Frau M. bleiben. Die gebotenen Preise waren unverhältnismäßig gering, nämlich 100 Mk. für das junge Mädchen und 50 Mk. für die junge Frau. Wenn auch für die Reise noch bedeutende Ausgaben notwendig wurden, so ergiebt sich doch hieraus schon, daß der Gewinn der Mädchenhändler mindestens 1000 Mk. für jedes Geschäft beträgt. Hierin gerade liegt die Erklärung dafür, daß trotz der hohen Strafen, trotz der strengen Verfolgung und der Gefahr des Geschäfts eine Abnahme des Handels noch nicht zu bemerken ist. Dazu kommen aber noch zwei andere Gesichtspunkte. Einmal ist die für den Mädchenhandel notwendige Arbeit eine angenehme und interessante. Die Händler lernen die Welt kennen und können den Tag bequem auf dem Schiffe liegen und schwatzen. Außerdem scheinen die Händler prinzipiell das „jus primae noctis“ für sich in Anspruch zu nehmen. Sie hatten wenigstens im vorliegenden Falle die Forderung gestellt, daß sie die Nacht in derselben Wohnung zubringen wollten, wie die Mädchen. Dies war allerdings von der Frau M. glatt abgelehnt. Sie kam aber mit den Mädchen in das Hotel, wo die beiden Händler wohnten, um das verabredete Geld in Empfang zu nehmen. Dieses wurde zunächst der Hotelbesitzerin ausgehändigt, und diese durfte die Summe erst auszahlen, wenn die Mädchen Berlin unbemerkt verlassen hatten. Hieraus schon geht klar hervor, daß die Hotelbesitzerin an dem Handel beteiligt war. Noch deutlicher wurde aber die Sache dadurch, daß ihr 14jähriger Sohn nach dem Bahnhof gehen mußte, um sich zu überzeugen, ob die Abreise glücklich erfolgt war. Trotzdem genügten diese Indizien nicht, daraufhin auch die Hotelbesitzer, also die wahren Veranlasser des ganzen Handels, zur Bestrafung zu ziehen. Er und seine Gattin wurden freigesprochen. Die beiden Händler gingen aber so gründlich in die ihnen gestellte Falle, daß ihre Bestrafung trotz der glänzenden Verteidigung erfolgen konnte. Natürlich sollte nur einer der beiden Händler mit den Mädchen nach Paris fahren. Der andere blieb noch in Berlin, um nach acht oder vierzehn Tagen mit zwei weiteren Mädchen nachzukommen. Die Mädchen kamen zur festgesetzten Zeit nach dem Bahnhof und erhielten dort die Billetts nach Paris. Vorsichtigerweise hatte sich Wallerstein äußerlich durch einen abgetragenen Anzug unkenntlich gemacht. Er zog sich auf dem Bahnhof um und erschien zur Abreise in einem eleganten modernen Kostüm. Daß sich Beamte der Polizei auf dem Bahnsteig befanden, war ihm entgangen, und so gelang es, ihn in dem Moment der Abfahrt zu verhaften. Sein Kompagnon Silberreich war zu seiner Geliebten, deren Verschleppung ebenfalls beschlossene Sache war, gefahren und konnte hier in Empfang genommen werden. Ein Bestreiten der Schuld war unmöglich, daher wurden beide zu Zuchthausstrafen verurteilt: Silberreich, als der Verführer, mit 2½ Jahren, während Wallerstein nur 2 Jahre erhielt. Die Verhandlungen waren nach verschiedenen Richtungen hin interessant und lehrreich. Beide Händler verstanden nach ihrer Behauptung kein Deutsch. Es mußte deshalb anfänglich mit Dolmetschern verhandelt werden. Das zog die Verhandlung in die Länge und gab auch Gelegenheit zu Mißverständnissen und Ausflüchten. Als dann die Zeugin, Frau M., erklärte, beide Leute sprächen fließend Deutsch, sie hätten die ganzen Unterhandlungen mit ihr deutsch geführt, gaben sie dieses Spiel auf. Bei der Feststellung der Personalien wußten beide nicht, wo und wann sie geboren waren. Sie wußten zwar ganz genau, wie alt sie waren, aber sie besaßen über ihre Geburt keinerlei Papiere. Dies ist ein Trick, um alle Nachforschungen zu verhindern und es dadurch unmöglich zu machen, ihre persönlichen Verbindungen kennen zu lernen. Dadurch verlieren die von uns angestellten und fleißig korrigierten Listen einen großen Teil ihres Wertes. Denn wenn der Händler bei jeder Gelegenheit einen anderen Namen annehmen kann, so ist es unmöglich, seine Personalien festzustellen. Andererseits ist es hierdurch erklärlich, wie diese Leute fortwährend neue Ehen eingehen können. Die falschen Rabbiner, welche die Trauungen vornehmen, kennen ja die Täuschung; aber die Behörden und Einwohner werden hierdurch getäuscht. In dem Koffer der beiden Russen wurden Damenkleider und Wäsche gefunden, die sie hier ihrer Billigkeit wegen gekauft haben wollten. Daß diese Sachen für die Mädchen bestimmt seien, bestritten sie natürlich auf das energischste. Noch wichtiger war die bei ihnen aufgefundene Korrespondenz, durch welche ihre Verbindung mit einer internationalen Mädchenhändlerbande in Paris festgestellt werden konnte. Die Briefe mit ihren Verwandten waren mit hebräischen Lettern in dem bekannten „jiddisch-deitschen" Jargon geschrieben. Komischerweise kam in jeder dritten Zeile der Name des lieben Gottes vor, der das für den Handel aufgewendete Geld segnen und reiche Zinsen tragen lassen sollte.

Das Interessanteste in der Verhandlung war die Verteidigung. Da die Händler stets über bedeutende Mittel verfügen, sind sie in der Lage, sich hervorragende Verteidiger zu nehmen. Diese beantragten aus juristischen Gründen die Freisprechung der Angeklagten. Der Wortlaut des § 48 des Auswanderungsgesetzes vom 9. Juni 1897 bedroht jeden mit strengen Strafen, der „eine Frauensperson zu dem Zweck, sie der gewerbsmäßigen Unzucht zuzuführen, mittels arglistiger Verschweigung dieses Zweckes zur Auswanderung verleitet". Die Händler konnten aber die beiden Zeuginnen gar nicht zur Auswanderung verleiten, weil diese über die ganze Angelegenheit orientiert waren und deshalb gar nicht an eine Auswanderung dachten. Es war ein Versuch am untauglichen Objekt, der gar nicht unter den § 48 fällt. Glücklicherweise ließen sich die Richter durch diese Parade nicht beeinflussen, sondern gelangten zu einer Verurteilung. Aus der Begründung des Urteils ist folgendes hervorzuheben:

Das Gericht ist entgegen der Ansicht der Verteidigung der Ansicht, daß ein arglistiges Verschweigen, wie es das Auswanderungsgesetz verlangt, dann vorliegt, wenn der Zweck der Zuführung in ein Bordell seitens des Täters verschwiegen wird; er muß mit der bewußten Absicht handeln, die zu Verführende zu täuschen. Ob sie wirklich getäuscht wird, und ob sie getäuscht werden kann, ist ganz einerlei. Im vorliegenden Fall handelt es sich nach der Judikatur des Reichsgerichts zweifellos um einen Versuch, wenn auch nur ein untaugliches Objekt vorhanden war. Daß die beiden ersten Angeklagten Mädchenhändler sind, kann nach ihren eigenen Angaben keinem Zweifel unterliegen. Sie haben Mädchen nach dem Ausland verschleppen wollen, um sie dort an ein Bordell zu verkaufen. Es steht fest, daß p. Wallerstein sich durch die Hilfe und Vermittlung der Gedainska an Frau M. gewandt hat, damit diese ihr Mädchen zuführe. Dabei ist ihr ausdrücklich gesagt, sie solle über den Zweck schweigen. Was das Strafmaß betrifft, so war der Gerichtshof der Überzeugung, daß die beiden ersten Angeklagten Silberreich und Wallerstein keinen Milderungsgrund für sich beanspruchen können. Es ist so ziemlich das Gemeinste, was es gibt, unschuldige Mädchen zu verschachern. Es kann auch nicht, wie die Verteidigung dies angenommen hat, als strafmildernd angesehen werden, daß sie in üblen Verhältnissen aufgewachsen sind und nichts Besseres vor sich gesehen haben. Die Angeklagten leben ja schon lange nicht mehr in der Heimat. Es scheint ihnen sogar recht gut zu gehen, da sie über reichliche Geldmittel verfügen. Für Wallerstein ist die Strafe etwas geringer ausgefallen, weil er noch jung und scheinbar von Silberreich verführt ist.

Die Gedainska war wegen Beihilfe nach dem Strafgesetzbuch zu verurteilen. Sie wollte sich durch Gefälligkeit gegen die beiden Angeklagten pekuniäre Vorteile verschaffen, ohne daß sie sich der Schwere des Verbrechens, zu dem sie Handlangerin wurde, bewußt war.

Die Verteidiger haben gegen dieses Urteil Revision beantragt und haben sich hierbei auf den Grund des „untauglichen Objektes" gestützt. Nachträglich ist die Revision zurückgezogen, und die beiden Mädchenhändler haben ihre Strafe angetreten. Aus den Verhandlungen ging auch ferner hervor, daß die Mädchen, welche ins Ausland gehen wollen, sich fast niemals an ihre Eltern wenden, weil sie von diesen keine Erlaubnis zum Auswandern erhalten würden. Sie müssen lügen und werden hierzu von den Mädchenhändlern angehalten. Diese geben ihnen falsche Pässe und Personalpapiere, die russisch oder ungarisch geschrieben sind und deshalb von den deutschen Beamten nicht verstanden werden. Trotz aller Bemühungen ist hierin noch nicht genug geschehen, da es den Mädchenhändlern noch immer gelingt, die Mädchen über die Grenze zu schmuggeln. Ist irgendwo eine besonders strenge Revision zu befürchten, so fahren die Händler nach London oder Antwerpen voraus und treffen dort erst mit ihren Begleiterinnen zusammen.

Jedenfalls wird durch diesen Fall alles das bewiesen, was von dem Deutschen National-Komitee bereits in den ersten Jahren der Bewegung festgestellt ist. Es wäre sehr günstig, wenn es auch an anderen Orten gelänge, die Händler in ähnlicher Weise zu fassen, wie dies in Berlin geschehen ist. Die Zeugin Frau M. ist übrigens für den ihr entgangenen Gewinn entschädigt, indem ihr das Deutsche National-Komitee für ihr praktisches und ehrenhaftes Eingreifen eine Belohnung von 100 Mk. gewährt hat.

Die Opfer des Mädchenhandels

Die Beschaffung der Mädchen

Die Beschaffung der Mädchen hängt ganz davon ab, durch welche äußeren Umstände die Händler auf die Mädchen aufmerksam gemacht worden sind. Hier spielen in erster Linie folgende Momente eine Rolle: 1. Not, 2. Leichtgläubigkeit und Vergnügungssucht, 3. Leichtsinn, Dummheit und mangelhafte Erziehung, 4. unglückliche Familienverhältnisse.

Am leichtesten ist die Arbeit dort, wo materielle Not herrscht; deshalb kommen auch noch heute die meisten verschleppten Mädchen aus Polen, Ungarn, Galizien, Rumänien und Südrußland. Dort gibt es Gegenden, in denen die Mädchen einen täglichen Verdienst von 50 bis 60 Pfennig haben. Dafür sollen sie wohnen, leben und sich kleiden. Daß sie dies nicht können, liegt auf der Hand. Sie sind also allen Vorspiegelungen am leichtesten zugänglich. So ist es gekommen, daß die öffentliche Meinung auch noch heute den Mädchenhandel als eine aus den östlichen Ländern stammende Einrichtung betrachtet. Kupplerinnen, die in den kleinen Städten und Dörfern herumreisen, teilen den Agenten die Adressen hübscher und lebenslustiger Mädchen mit. Zu ihnen reist dann ein Agent, als Abgesandter eines Haziendabesitzers aus Südamerika mit einem vollständigen Ehekontrakt, in dem dieser dem Mädchen, in dessen Bild der Heiratslustige sich angeblich verliebt hat, goldene Berge verspricht. Natürlich ist dies alles Schwindel. Das Mädchen hat sich möglicherweise überhaupt nicht photographieren lassen und eine derartige Stellvertreterheirat hat nirgends in der Welt Gültigkeit. Der Agent bringt schöne Kleider, elegante Wäsche und (falsche) Schmucksachen mit und gewinnt durch sein liebenswürdiges Auftreten sehr bald die Neigung des Mädchens und das Vertrauen der Familie. Die meisten dieser Trauungen werden rituell durch einen Helfershelfer, der als Rabbiner auftritt, mit gefälschten Papieren und Dokumenten abgeschlossen. Sie sind deshalb ungültig, ein Umstand, der dem Mädchen verschwiegen wird. Das junge Paar reist dann durch Deutschland über Havre nach London und von dort nach Argentinien. Vielfach bleibt der stellvertretende Ehemann unter dem nichtigen Vorwand, wichtige Geschäfte zu haben, in London zurück, und die junge Frau muß die Auslandreise allein antreten. In dem Ankunftsort wird sie von einem Freunde ihres Mannes in Empfang genommen und direkt in ein Bordell gebracht. Sie ist der Landessprache nicht mächtig, kann nicht lesen und schreiben und ist deshalb außerstande, ihren Angehörigen von ihrem Schicksal Kenntnis zu geben. Diese bleiben in dem Glauben, daß ihre Tochter verheiratet ist, während sie einem frühzeitigen Tod in den Lasterhöhlen entgegengeht. Dies ist der typische Fall des Mädchenhandels, der auch den Anstoß zu der internationalen Bewegung gegeben hat. Eine so plumpe Täuschung kommt in keinem der übrigen Fälle vor, obgleich auch hier mit der Vorspiegelung falscher Tatsachen gerechnet werden muß. Bei der Benutzung der Leichtgläubigkeit, der Dummheit und das Leichtsinns muß man leider auch den Müttern einen großen Teil der Schuld beimessen.

Wenn ein 14jähriges Mädchen die Schule mit den mangelhaftesten Kenntnissen verlassen hat, soll und will sie natürlich sofort Geld verdienen. Die Eltern, die in ihrem Kinde häufig etwas ganz Besonderes erblicken, sind sehr einverstanden, wenn sie sich der Kunst widmen will. Sie fallen also mit Vorliebe auf die Inserate hinein, in denen junge hübsche, und gut gewachsene Mädchen zur Ausbildung als Sängerinnen, Tänzerinnen oder Radfahrerinnen gesucht werden. In den meisten dieser Vorbereitungsanstalten gehen die Mädchen moralisch zugrunde und nehmen dann gern ein Engagement ins Ausland an, um dort ihr Glück zu machen. Einer solchen überstürzten Auswanderung kann man allerdings einen Riegel vorschieben, indem man ihnen die Ausstellung eines Auslandspasses verweigert. Aber erst in der allerletzten Zeit ist man auf dieses Auskunftsmittel verfallen.

Übrigens sind nicht nur die Schülerinnen der Volksschulen dieser Verführung ausgesetzt. Es sind verschiedene Fälle bekanntgeworden, in denen Kupplerinnen als Lehrerinnen in höhere Töchterschulen eingetreten sind und die Schülerinnen durch ihre Schilderungen zur Flucht aus dem Elternhause veranlaßt haben.

Mittel zur Verführung der Mädchen

Die Fälle von Mädchenhandel, die ins Unendliche vermehrt werden könnten, zeigen sämtlich die gleiche Entwicklung. Die Mädchen werden durch Inserate aufmerksam gemacht, dann von Agenten aufgesucht, erhalten von ihnen die verlockendsten Anerbietungen, sollen als Stützen, Gesellschafterinnen, Buchhalterinnen ins Ausland gehen und dort viel Geld verdienen. In Wirklichkeit verbirgt sich unter allen diesen Angeboten stets dasselbe Schicksal, ein Leben in Schande und Unehre in irgendeinem Bordell. Wie oft ist dies nun in der Presse der ganzen Welt in ausführlicher Weise auseinandergesetzt, und wie ist es möglich, daß trotzdem die jungen Mädchen ihren Verführern immer wieder Glauben schenken? Alle die Gründe: Not, schlechtbezahlte Frauenarbeit, Veränderungssucht, Mangel an sittlichem und religiösem Gefühl usw. verschwinden hinter den beiden Hauptmotiven „Eitelkeit“ und „Heiratslust“. In unserer materiellen Zeit will sich niemand unterordnen, sondern jeder selbständig dastehen. Geradezu lächerlich ist es doch, daß diese Unterordnung, wenn sie notwendig ist, äußerlich nicht zum Ausdruck gelangen soll. Das ehrliche Wort „Dienstmädchen“ soll womöglich verschwinden und in „zweite Stütze“ verwandelt werden. Möchte doch jemand den Mädchen klarmachen, daß sie gerade als Dienstmädchen die besten Aussichten für ihre Zukunft besitzen und am leichtesten einen tüchtigen Mann finden! Was soll ein Arbeiter mit einem jungen Mädchen anfangen, die zwar auf der Schreibmaschine arbeiten und Bücher führen, dafür aber keine Suppe kochen kann? Wie viele junge Mädchen verdammen sich hierdurch selbst zur Ehelosigkeit! Das glauben sie aber leider nicht. Der Verführer, der Agent des Mädchenhändlers setzt ihnen auseinander, daß die Aussichten im Ausland, sich zu verheiraten, viel größer seien als in der Heimat, und dieser Grund ist für sie ausschlagend. Wir erleben es ja bei uns täglich, daß Dienstmädchen ihr sauer verdientes Geld einem Heiratsschwindler zur Anschaffung der Möbel aushändigen und jede Warnung in den Wind schlagen. Mir ist es selbst passiert, daß ein junges Mädchen, welches angeblich aus Brasilien einen Heiratsantrag erhalten hatte, von der Reise dorthin nicht abzubringen war. Meine Gründe, mit denen ich ihr bei ihrem ersten Besuch zu beweisen suchte, daß es sich um einen Heiratsschwindler handelte, wies sie mit den Worten zurück: „Ach was, Sie gönnen mir mein Glück nur nicht." Nach vier bis fünf Tagen kam sie wieder und bat unter Tränen, man solle ihr die 600 Mk., die ihr der Schwindler abgenommen hatte, doch wieder verschaffen. Diese Lust zum Heiraten, dieses Bestreben, auf eigenen Füßen zu stehen, wird von den Mädchenhändlern in der geschicktesten Weise ausgenutzt. Man setzt den Mädchen auseinander, daß z. B. in Buenos Aires 75% Männer und nur 25% weibliche Bewohner existieren, und daß deshalb die Aussicht, sich zu verheiraten, dreimal so groß sei als in der Heimat. Dies ist fast immer ausschlaggebend. Auch sind die Ehen natürlich viel glänzender und reicher als zu Haus, weil dort niemand die Familie des Mädchens kennt. Der Deutsche läßt sich ja so leicht durch fremde Verhältnisse bestechen. Wenn nun einem Mädchen, welches von der Welt nichts gesehen hat, so glänzende Gehaltsverhältnisse in Aussicht gestellt werden, ohne daß ihnen gleichzeitig klargemacht wird, daß das teure Leben das höhere Gehalt illusorisch macht, so ist es begreiflich, wenn die Warnungen nicht befolgt werden.

In München erließ eine in der Fürstenstraße wohnende Dame Zeitungsinserate, in denen gebildete Mädchen als Stütze der Hausfrau ins Ausland gesucht wurden. Eine sich meldende junge Dame wurde von einer angeblichen Gutsbesitzersfrau nach Kairo engagiert. Dem jungen Mädchen wurden die glänzendsten Versprechungen gemacht. Trotz aller Warnungen eines hiesigen erfahrenen Beamten, der den wahren Sachverhalt ahnte, konnte das Mädchen den verführerischen Versprechungen nicht widerstehen und reiste nach Kairo ab. Nach kurzer Zeit traf eine Karte ein, in der das junge Mädchen in den flehentlichsten Ausdrücken bat, man möge ihm doch Hilfe bringen, da es in ein öffentliches Haus verschleppt sei.

Unter den Inseraten, in denen Gouvernanten, Bonnen, Kinderfräulein und Kellnerinnen gesucht werden, befindet sich eine große Zahl höchst bedenklicher Offerten.

Der Wortlaut derselben ist gewöhnlich kurz und harmlos:

1. Brettlquartett, junge Damen, gute Figur, gesucht. Offerten U 128 postl. W. 15.

2. Suche nach Ungarn Kinderfräulein mit und ohne Zeugnisse. Off. usw.

3. Günstige Placements für deutsche Bonnen, Lehrerinnen und Kindergärtnerinnen, Warschau.

4. Nettes gebildetes Fräulein zu einer älteren Dame gesucht. Gehalt 42 Mk. pro Monat, dauernde angenehme Stelle. Angaben möglichst mit Photographie.

Diese sind um so gefährlicher, weil sie in der Regel in den zuverlässigsten Zeitungen (z. B. „Daheim") veröffentlicht werden. Genaue Erkundigungen sind hier dringend geboten.

Unglückliche Familienverhältnisse zwischen Tochter und Stiefmutter oder Folgen eines Verhältnisses geben den Kupplerinnen bequeme Gelegenheit, die Mädchen zur Auswanderung zu veranlassen. Vertrauensvoll versprechen sie den Mädchen, für das Kind sorgen zu wollen, da diese ja mit dem Kinde nirgends eine Stelle erhalten können, verpflichten sich auch, wieder gute Familienverhältnisse während der Abwesenheit der Tochter anzubahnen. Letzteres tun sie nie, und die armen Kinder übergeben sie einer Engelmacherin. Da die Mädchen in diesen Fällen keinem Menschen ihre Pläne anvertrauen und infolgedessen auch keinerlei Erkundigungen einziehen, macht ihr Transport keine Schwierigkeit. Sie erhalten die genaue Adresse, wo sie sich einzufinden haben, man gibt ihnen auch das Billett, und selbst wenn sie dann fühlen, daß sie das Opfer einer Verschleppung geworden sind, haben sie nicht die Kraft und den Mut, Anzeige zu erstatten und nach Hause zurückzukehren.

Gerade in Deutschland hat man sehr häufig einen, gewissermaßen, ungewollten Mädchenhandel feststellen können. Eine junge Verkäuferin, eine Konfektioneuse, fängt mit einem Angestellten des Warenhauses ein Verhältnis an, das bekannte „Sie geht mit ihm". Sobald die Eltern dies entdecken, nehmen sie dem Mädchen die Disposition über ihre freie Zeit. Hiergegen bäumt sich ihr Stolz auf und sie leiht nun den Einflüsterungen ihres Liebhabers, der sie zur Flucht verleiten will, ein williges Ohr. Plötzlich sind die beiden verschwunden und nach Paris, London, Kopenhagen durchgegangen. Sie bilden sich ein, dort sofort eine geeignete, gutbezahlte

Stellung zu erhalten. Bei ihrer mangelhaften Sprachkenntnis ist dies natürlich sehr schwierig. Die wenigen Mittel, die sie mitgenommen haben, sind sehr bald aufgebraucht, ihre Sachen versetzt, und so sitzen sie in einer fremden Stadt vis-à-vis de rien. In seiner Verzweiflung zwingt der Mann das Mädchen, auf die Straße zu gehen und durch Prostitution den Lebensunterhalt für beide zu gewinnen. Will das Mädchen dies nicht, so entdeckt sie sich ihren Eltern. Diese endlich wenden sich an das Deutsche National-Komitee und bitten um Rückschaffung ihrer Tochter.

Die Prostitution

Für diejenigen Leser, welche den Ursachen des Mädchenhandels nachgehen und diese zu erforschen versuchen, wäre es vielleicht notwendig, eine vollständige Geschichte des Mädchenhandels zu liefern. Dies ist nicht möglich, einmal weil man meist nur auf Vermutungen angewiesen ist, dann aber vor allem, weil der Zweck dieser Zeilen ein ganz anderer ist, als die Kenntnis der Sachverständigen zu vermehren. Das Publikum, an welches sich dieses Buch in erster Linie wendet, sind, wie bereits erwähnt, die Eltern und Angehörigen der jungen Mädchen und ev. diese selbst. Sie müssen erfahren, welche Gefahren ihnen drohen, und die Mittel kennen lernen, wie sie diesen Gefahren entgehen können. Daß der Mädchenhandel seit sehr langer Zeit besteht, ist unzweifelhaft; ebenso zweifellos ist es aber auch, daß er in jedem Lande und bei jedem Volke anders betrieben wurde. Übereinstimmend kann man wohl behaupten, daß, wenn man von Adam und Eva absieht, die Polygamie die erste Form der Ehe war, und daß sich aus dieser erst allmählich die Einehe entwickelte. Wenigstens haben wir bei wilden und unzivilisierten Völkern diese Entwicklung beobachten können. Die Käuflichkeit der jungen Mädchen war also das Gewöhnliche und eine anerkannte Tatsache. Als die Einehe zur staatlichen Institution erhoben wurde, entwickelte sich durch die bisherige Polygamie allmählich die Prostitution, d. h. der Kauf auf kurze Zeit und mit der Möglichkeit der Abwechslung. Wir finden deshalb schon im 38. Kapitel des 1. Buch Mosis die Prostitution als feststehende Einrichtung. Durch die Prostitution entstanden die Kuppler, aus diesen die Mädchenhändler. Ihr Auftreten war aber ein wesentlich anderes als in unserer Zeit. Das Sklavinnenwesen, die Einrichtungen der Kebsweiber, die haremartigen Häuser der Großen verlangten andere Mittel, als die gegenwärtige Lieferung für Bordelle. Um das Sich-selbst-Anbieten der Mädchen auf der Straße zu hindern, entschloß man sich zur Einrichtung der Bordelle. Man nimmt an, daß Solon der erste gewesen ist, durch den diese Häuser geschaffen sind. Inwieweit dies begründet ist, läßt sich mit Sicherheit nicht feststellen. In einer Reisebeschreibung „Periplus maris erythraei“ wird von einem Handel indischer Mädchen nach Ägypten gesprochen und hierbei Freudenhäuser erwähnt. Die meisten der Bordellbewohnerinnen waren Sklavinnen. Später liest man, daß auch Kriegsgefangene zum Eintritt verdammt wurden. Die älteste Form dieser Häuser wird ungefähr so gewesen sein, wie wir sie heut noch in Pompeji sehen können. Nachdem man sich dann erst einmal an die Bordelle gewöhnt hatte und ihre Einrichtung nicht für unmoralisch hielt, sondern als vorteilhafte und praktische Behandlung der Prostitution betrachtete, nahmen, besonders im Mittelalter, die Städte die Verpachtung dieser Frauenhäuser selbst in die Hand, zogen aus denselben große Einkünfte und veranstalteten in ihnen luxuriöse Feste nicht nur bei Empfang der Fürsten, sondern auch bei allen anderen sich bietenden Gelegenheiten. Der lange Bestand der Bordelle hat jetzt die Ansicht über ihren Nutzen und ihre Vorteile derart befestigt, daß die städtischen Verwaltungen der meisten Länder in der Kasernierung und Reglementierung das beste Mittel sehen, die Prostitution zu überwachen. Ob es notwendig ist, die Prostituierten anders zu behandeln als die übrigen Menschen, ist eine vielumstrittene Frage. Die Erfahrung und die Geschichte hat uns gelehrt, daß Sittenlosigkeit und Unzucht jedes Staatswesen zugrunde richtet. Daß also der Staat Gesetze gibt, die den Schutz dieser sittlichen Güter im Auge haben, ist sein Recht, ja sogar seine Pflicht. Nur darf er durch die Gesetze und namentlich durch ihre ungerechte und unlogische Handhabung das Übel nicht vergrößern, statt es einzuschränken. Der § 361 No. 6 des Deutschen Strafgesetzbuches lautet folgendermaßen: „Mit Haft wird bestraft eine Weibsperson, welche wegen gewerbsmäßiger Unzucht einer polizeilichen Aufsicht unterstellt ist, wenn sie den in dieser Hinsicht zur Sicherung der Gesundheit, der öffentlichen Ordnung und des öffentlichen Anstandes erlassenen polizeilichen Vorschriften zuwiderhandelt, oder welche, ohne einer solchen Aufsicht unterstellt zu sein, gewerbsmäßig Unzucht treibt."

Der Inhalt dieses Paragraphen bedeutet also: gewerbsmäßige Unzucht ist zwar strafbar, wenn aber ein Polizeibeamter die Erlaubnis hierzu erteilt, tritt Straflosigkeit ein. Dies ist dermaßen unlogisch, daß die Änderung dieses Paragraphen bereits bei der jetzt bevorstehenden Revision des Strafgesetzbuches vorgesehen ist. Der im Entwurf vorgeschlagene § 305 No. 4, welcher die Gewerbsunzucht regeln soll, lautet: „Mit Haft oder Gefängnis bis zu drei Monaten wird bestraft eine Person, welche abgesehen von den Fällen des § 250, gewerbsmäßige Unzucht treibt, wenn sie die in dieser Hinsicht zur Sicherung der Gesundheit, der öffentlichen Ordnung oder des öffentlichen Anstandes erlassenen Vorschriften übertritt. Der Bundesrat bestimmt die Grundsätze, nach denen diese Vorschriften zu erlassen sind."

Der letzte Absatz wird auf großen Widerspruch stoßen, da er die Regelung einer so wichtigen Frage den Regierungen überläßt und keine gesetzlichen Vorschriften veröffentlicht. Die Kasernierung ist, wie wir gesehen haben, schon jetzt im Deutschen Reiche auf Grund des § 180 verboten. Trotzdem bestehen auch bei uns sehr viele heimliche Bordelle, deren Beseitigung erst dann möglich ist, wenn über die Wohnungsfrage der Prostituierten genaue Vorschriften erlassen sind. Vorläufig ist diese Frage noch nicht geregelt. Die jetzige Gesetzgebung bestraft die Gewerbsunzucht nur unter bestimmten Voraussetzungen, dagegen denjenigen, der an eine Prostituierte vermietet, prinzipiell wegen Kuppelei. Dies muß und soll auch geändert werden.

Die Reglementierung[2]

Hiermit hängt die Frage der Reglementierung eng zusammen. Diese soll nach den Wünschen der Abolitionisten geradeso verschwinden, wie die Kasernierung. Darüber, wie man ohne Listen Prostituierte feststellen will, sind sich diese Kreise noch nicht klar. Ich gehe absichtlich nicht näher auf diese Frage ein, da die Reglementierung mit dem Mädchenhandel nichts zu tun hat. Wir können zufrieden sein, daß in dem neuen Entwurf das Wort „Polizeiaufsicht“ verschwunden ist. Denn die Stellung unter Polizeiaufsicht erfolgt völlig ungesetzlich. Wenn sich die Mädchen auf der Polizei melden und persönlich darum bitten, in die Dirnenliste eingetragen zu werden, um ihrer Bestrafung zu entgehen, so läßt sich hiergegen nichts sagen. Wenn aber, wie dies häufig geschieht, die Polizeibeamten den Mädchen auflauern in dem Augenblick, wo sie mit einem Begleiter aus einem Absteigequartier kommen, und sie dann wegen gewerbsmäßiger Unzucht anzeigen, so ist dies durchaus ungesetzlich. Zu einer Vernehmung des Begleiters, ob er dem Mädchen Geld gegeben hätte, die jetzt häufig stattfindet, ist der Polizist nicht berechtigt, da er in diesem Augenblick gewiß nicht Gehilfe der Staatsanwaltschaft ist. Noch viel weniger hat er das Recht, das Mädchen in die ominöse Liste einzutragen, nur weil sie für ihre Gunstbezeugungen Geld erhalten hat. Dann müßte ja jedes junge Mädchen, welches ein Verhältnis hat, in diese Liste eingetragen werden. Denn ob ich dem Mädchen einen Pelz oder eine Uhr oder zehn Mark schenke, ist zwar quantitativ verschieden, moralisch aber ganz gleich. Das Entscheidende der Prostitution liegt doch darin, daß die Prostituierte ihren Körper wahllos gegen Geld jedem überläßt und aus dem hieraus bezogenen Gewinn ihren Lebensunterhalt bestreitet. Daß dies der Fall ist, wird selten ein Mädchen zugeben, sie wird immer ein Gewerbe nachzuweisen versuchen, sei es Stubenvermieterin, Blumenmacherin, Masseuse, Schauspielerin usw., aus dem sie ihre Einnahmen bezieht. Übrigens hat sich durch diese Form der Eintragung ein sehr großer Übelstand ergeben. Die minorennen Mädchen dürfen in diese Liste nicht aufgenommen werden, müssen also täglich wegen gewerbsmäßiger Unzucht bestraft werden. Die Überweisung an die Fürsorgeerziehung kommt für diese Mädchen zu spät. Sie können sich an die dortige strenge Zucht nicht mehr gewöhnen, unternehmen fortwährend Fluchtversuche und unterliegen unausgesetzt neuen Bestrafungen, ohne dadurch im geringsten gebessert zu werden. Die übrigen Fürsorgezöglinge werden durch sie sittlich verdorben, so daß man ihre Rückkehr mit wenig günstigen Augen betrachtet.

Zweifellos gibt es Mädchen, die ausschließlich von dem Gelde leben, welches sie durch gewerbsmäßige Unzucht verdienen. Hinsichtlich der Beaufsichtigung der Prostitution bleibt es nun freilich nötig, daß über diese Mädchen eine Liste geführt wird, durch die ihre Wohnungen kontrolliert werden können. Diese Liste muß aber anders angelegt werden als bisher. Sie darf nicht von der Willkür der Polizei abhängig sein. Die Polizeiaufsicht ist eine von dem Strafrichter zu verhängende Strafe und darf nicht von einem beliebigen Polizisten verfügt werden. Das Strafgesetzbuch gibt der Polizei hierzu kein Recht. Durch Beobachtung der Tanzlokale, der berüchtigten Restaurants, der Mädchen, die sich auf der Straße selbst anbieten, durch Anzeigen der Hausbesitzer ist es leicht, diese Liste zu führen und auf dem laufenden zu erhalten. Stehen Mädchen in diesen korrekt angelegten Listen, dann kann man sie auch offiziell als Dirnen oder Prostituierte bezeichnen und betreffs ihrer Wohnungen gesetzliche Vorschriften geben.

Wie wenig die Reglementierungsfrage selbst bei den Mitgliedern der verschiedenen National-Komitees geklärt ist, konnte im Jahre 1906 auf dem Kongreß von Paris festgestellt werden. Dort war von den französischen Abolitionisten die Frage aufgeworfen: „Ist die Reglementierung der Prostitution dem Mädchenhandel schädlich oder nützlich gewesen?“ Diese Frage wurde an 17 Komiteen gestellt. Es haben aber nur acht darauf geantwortet, und von diesen waren nur drei — Holland, Schweiz und Deutschland — als Gegner der Reglementierung aufgetreten. In Wirklichkeit war aber auch Deutschland nur Gegner der Kasernierung und nicht der Reglementierung. Da aber diese Frage in erster Linie auf die Kasernierung Bezug nehmen sollte, so mußten wir, um unsere Stellung zu bezeichnen, angeben, daß wir die Schädlichkeit der Reglementierung anerkennen.

Auf der dann folgenden Internationalen Konferenz in Genf im Jahre 1908, der ich als Delegierter des Deutschen National-Komitees beiwohnte, habe ich mir die größte Mühe gegeben, sowohl diesen Unterschied, als auch den Unterschied zwischen Mädchenhändler, Zuhälter und Kuppler festzustellen. Leider ohne Erfolg. Daß die Abolitionisten die Reglementierung abgeschafft wissen wollen, ist ja durchaus erklärlich und von ihrem Standpunkt aus richtig, aber sie dürfen nicht den Mädchenhandel als Grund für die Aufhebung anführen und können nicht erwarten, daß ohne solche Liste die Wohnungsfrage gelöst werden kann. Ich kenne nur eine Stadt, welche man allenfalls als Beispiel für die Möglichkeit anführen kann, daß durch Dirnen Mädchenhandel veranlaßt wird, und dies ist Rio de Janeiro. Dort gibt es keine Reglementierung und keine Kasernierung, und trotzdem blüht der Mädchenhandel in ganz scheußlicher Weise. Eine große Anzahl von „Kaften“, polnischen und ungarischen Juden, lassen sich Mädchen aus

Galizien und Rumänien kommen und bringen sie dort in eleganten Wohnungen unter, versehen sie mit entsprechender Kleidung und Wäsche und behandeln sie vollständig als Prostituierte. An jedem Morgen holen sie sich den größten Teil des von ihnen verdienten Sündengeldes ab und führen selbst das Leben eines feinen Zuhälters. Daneben spielen sie sich als Lebemänner auf und nehmen den reichen Ausländern durch Falschspiel das Geld ab. Interessant ist die Stellung der Behörden zu diesen Verhältnissen. Als ich mich bei einem hohen Polizeibeamten in Rio nach den dortigen Prostitutionsverhältnissen erkundigte, sagte mir dieser ganz ruhig: „Wir halten die Prostitution nicht für nötig und nicht für gefährlich und kümmern uns nicht darum.“ Als ich dann nach seiner Stellung gegenüber den Geschlechtskrankheiten fragte, antwortete er mir: „Durch die hohe Durchschnittstemperatur macht hier jeder eine natürliche Schwitzkur durch, und deshalb hat hier die Syphilis ihren gefährlichen Charakter verloren.“ In der Tat trifft genau das Gegenteil zu. Brasilien ist eins der verseuchtesten Länder der Welt; 4% aller Todesfälle sind auf alte Geschlechtskrankheiten zurückzuführen. Diese ganz besonderen Verhältnisse können daher weder für noch gegen den Abolitionismus benutzt werden. In Deutschland kann die Reglementierung nur dann mit dem Mädchenhandel in Verbindung gebracht werden, wenn durch sie fremde Prostituierte eingeführt werden. Dies war bis zum Jahre 1909 in der Tat der Fall. Durch eine Eingabe des Deutschen National-Komitees ist aber im Königreich Preußen die Eintragung fremder Prostituierter in die Dirnenliste verboten. Sie werden ohne weiteres als lästige Ausländerinnen ausgewiesen. Wir hoffen, daß auch die übrigen Bundesstaaten dem Beispiel Preußens folgen werden, und somit die Einwanderung ausländischer Prostituierter verhindert wird. Übrigens ist die Ansicht über die Aufnahme von Ausländerinnen in die Bordelle auch noch heute eine ungeklärte Frage. In Hamburg wurde mir eine Belohnung für jedes fremde Mädchen, welches ich in den öffentlichen Häusern fände, geboten; in Serajewo wurde mir eine ähnliche Prämie für jedes einheimische Mädchen in Aussicht gestellt. In Indien darf aus nationalen Gründen, damit die englische Rasse nicht diskreditiert wird, kein englisches Mädchen in ein dortiges Bordell treten. Wenn keine fremden und keine einheimischen Mädchen in diesen Häusern sein sollen, so wird auch diese Forderung am besten durch Beseitigung der Bordelle befriedigt. Ich hoffe, daß die Gründe, die ich hierfür angeführt habe, resp. noch weiter anführen werde, allmählich Anerkennung finden werden.

[2] Wir unterscheiden die Reglementierung, gemäß der die der Prostitution überführten oder sich freiwillig als Prostituierte meldenden Mädchen in eine Liste „eingeschrieben“, regelmäßigen körperlichen Untersuchungen unterworfen und im Falle der Krankheit einem Krankenhause überwiesen werden, auch in der Öffentlichkeit bestimmte polizeiliche Vorschriften beachten müssen (Verbot des Besuchs von

Theatern, Konzerten, bestimmten Lokalen, des Betretens einzelner Straßen usw.). Sodann die Kasernierung, die polizeiliche Vorschrift für Prostituierte, in bestimmten Häusern (Bordelle), Straßen, Stadtvierteln Wohnung zu nehmen. Verfasser dieser Schrift versteht unter Kasernierung, wie noch begründet wird, nur die Bordelle. Die Gegner aller dieser Zwangs- und Strafmittel heißen Abolitionisten.

Die Kasernierung als Ursache des Mädchenhandels

Während ich also die Reglementierung als Quelle des Mädchenhandels ausschalte, betrachte ich die Kasernierung als seine Hauptursache, — dieselbe Kasernierung, die im Inlande bei uns und anderwärts in ihren Zielen, dem Schutze der anständigen Mädchen und selbst Kinder vor Verführung, so ganz versagt hat. Wir haben ja durch die Enthüllungen der „Pall-mall Gazette" in den letzten Jahrzehnten des vorigen Jahrhunderts erfahren, wie junge Mädchen durch raffinierte Kupplerinnen Lebemännern zugeführt, welche Mittel hierbei angewendet wurden, um sie gefügig zu machen, welche Summen für Kinder bezahlt wurden, wie die Ärzte falsche Zeugnisse ausstellten und die Polizei den Kupplerinnen Beistand leistete. Wir haben bei uns einen Prozeß Sternberg durchgemacht und wissen aus verschiedenen anderen Prozessen, wie viele Lasterhöhlen in Berlin existieren, in denen halbe Kinder der Unzucht zugeführt werden; aber alles dies war nicht imstande, einen internationalen Mädchenhandel hervorzurufen, sondern bereicherte höchstens einige alte Kupplerinnen. Für die Entstehung eines internationalen Handels mit Geschlechtssklavinnen mußten andere Gründe vorliegen, als das anormale sexuelle Empfinden einzelner reicher Wollüstlinge.

Als man vor 50 Jahren den Handel mit schwarzen Arbeitssklaven abschaffen wollte, trug man kein Bedenken, aus Gründen der Humanität einen vierjährigen blutigen Krieg zu führen. Dabei war das Schicksal dieser schwarzen Sklaven nicht annähernd so traurig, als das Leben der Schande, welches die Mädchen in den Bordellen führen müssen. Aber auch jetzt, wo man überzeugt ist, daß die große Ausdehnung, die der Mädchenhandel gewonnen hat, nur durch die unglaubliche Zahl von Bordellen entstanden ist, die in den verschiedenen Ländern geduldet werden, kann man sich nicht entschließen, ihre Beseitigung zu verlangen, sondern gerade die Behörden treten für diese Häuser ein, weil sie keine bessere Lösung der Prostitutionsfrage kennen.

Um kein Mißverständnis aufkommen zu lassen, möchte ich ausdrücklich betonen, daß ich unter Kasernierung lediglich das Zusammenwohnen der Mädchen in einem Hause unter Aufsicht eines Bordellwirtes oder Wirtin verstehe. Das Zusammendrängen der Mädchen in einzelne Straßen, wie dies in Hamburg, Bremen und Lübeck vom Senat vorgeschrieben ist, ist nach meiner Ansicht die unglücklichste Lösung der Prostitutionsfrage. Da sie aber mit dem Mädchenhandel nichts zu tun hat, brauche ich auf diese Übelstände nicht einzugehen.

Wie ich bereits oben erwähnte, sind die Häuser unter sich so verschieden, daß eine erschöpfende Schilderung ihrer Einrichtungen nicht gegeben werden kann. Diese ist auch nicht notwendig. Es genügt, wenn nur die Beziehungen zwischen Bordell und Mädchenhandel klargelegt werden. Eine Reihe von Ländern hat die Bordelle verboten. Trotzdem existieren sie auch dort noch immer, weil man sie nicht sehen will, und weil man spitzfindige Erklärungen gefunden hat, die das Bordell in ein Prostitutionshaus verwandeln. Der Unterschied besteht darin, daß in dem einen eine Zwischenperson existiert, die die Mädchen engagiert, und mit welcher sie abrechnen müssen, während in dem anderen die Mädchen nur Mieterinnen sind und mit niemand zu tun haben, als lediglich mit dem Besitzer des Hauses. Das Vorhandensein eines Weinzimmers, in welchem alle alkoholischen Flüssigkeiten käuflich sind, ohne daß der Besitzer eine Schanklizenz besitzt, ist nur zufällig. Scheinbar ist also dem Gesetz genügt, da der Hausbesitzer sich um das Tun und Treiben der Mädchen nicht kümmert, und niemand im Hause wohnt, der gegen diese Verhältnisse einschreitet. Tatsächlich verstößt aber ein solches Haus gegen die Bestimmungen des § 180 des Strafgesetzbuches genau so wie ein normales Bordell. Der Wortlaut dieses Paragraphen ist folgender:

„Wer gewohnheitsmäßig oder aus Eigennutz durch seine Vermittlung oder durch Gewährung von Gelegenheit der Unzucht Vorschub leistet, wird wegen Kuppelei mit Gefängnis nicht unter einem Monat bestraft usw." Daß auch der Besitzer eines Prostitutionshauses durch diese Bestimmung getroffen wird, ist zweifellos.

Einer Klage gegen ihn müßte von der Staatsanwaltschaft Folge gegeben werden, und wenn eine solche Klage gleichzeitig in allen deutschen Städten eingereicht würde, in denen sich solche Häuser befinden, wäre ein großer Skandal die Folge. Es würde klar zutage treten, daß der Staat seine eigenen Gesetze nicht befolgt, und daß Deutschland in dieser Beziehung ein völlig ungesetzliches Land ist. Natürlich ist das Deutsche National-Komitee aufgefordert, derartige Klagen einzureichen, und man hat es sogar als Schwäche ausgelegt, daß diesem Wunsch nicht nachgekommen ist. In Wirklichkeit ist aber eine solche Klage von der Staatsanwalt in Hamburg abgelehnt und auf eingelegte Beschwerde der ablehnende Bescheid von der Oberstaatsanwaltschaft in Hamburg als zu Recht bestehend bestätigt werden. Eine weitere Instanz gab es damals nicht. Der Senat von Hamburg hat vor ca. 30 Jahren bei 15 juristischen Fakultäten eine Umfrage veranstaltet, ob das Halten von Bordellen dem § 180 des Strafgesetzbuches widerspräche oder nicht. Hierauf sind acht bejahende und sieben verneinende Antworten eingelaufen. Der Senat hat sich naturgemäß auf den verneinenden Standpunkt gestellt. Er bestreitet auch heute noch, sogar im Reichstage, daß die Hamburger Prostitutionshäuser wirklich Bordelle sind. Gerade das dortige Beispiel hat ansteckend auf viele andere Städte gewirkt. Dazu kommt aber noch ein anderer Gesichtspunkt. Das sind die augenblicklich bestehenden gesetzlichen Bestimmungen über das Wohnen der Prostituierten. Vorläufig muß jeder Wirt, der Prostituierte bei sich aufnimmt, wie bereits gesagt, als Kuppler betraft werden. Dies ist auf die Dauer unmöglich. Es wird hierdurch auch nichts gebessert. Denn wenn die Dirnen aus einem Bordell vertrieben werden, und dieselben Mädchen sich gemeinsam eine Wohnung nehmen, in welche sie womöglich von ihren Zuhältern begleitet werden, so sind die Zustände schlimmer geworden, als sie vorher waren. Das National-Komitee hätte mit Recht den Vorwurf zu erwarten, daß der Teufel durch Beelzebub ausgetrieben sei. Ehe die Wohnungsfrage nicht praktisch gelöst ist, ist auch ein energisches Eingreifen nicht möglich. Auch ist es von Wichtigkeit, die öffentliche Meinung erst von der Schädlichkeit der Bordelle zu überzeugen, und dies wird noch viel Mühe machen.

Ich werde später die scheinbaren Vorteile dieser Häuser ihren wirklichen Nachteilen gegenüberstellen.

Zunächst möchte ich nur in dem Beweis fortfahren, daß diese Häuser in der Tat die Quelle des Mädchenhandels sind. Die Anzahl der in den Bordellen vorhandenen Mädchen ist sehr verschieden, sie schwankt zwischen drei und dreißig Dirnen. Länger als ein Jahr bleiben die Mädchen selten in einem Hause. Die Kundschaft verlangt einen ständigen Wechsel. Solange dieser zwischen diesen Häusern eines Landes bleibt, also gewissermaßen nur ein Austausch stattfindet, kann man allerdings nur von einem nationalen Handel sprechen. Dieser bietet aber für die übrigen unschuldigen Mädchen keine Gefahr. Nun gibt es aber eine Reihe von Häusern, die ihren Stolz darin setzen, stets „frische Ware“ zu haben, und gerade, weil sie diesen Ruf besitzen und bewähren, von ihren Besuchern ungewöhnlich hohe Preise fordern können.

Diese Beschaffung junger und hübscher, womöglich unschuldiger Mädchen ist aber nicht leicht. Sie erfordert große Geschicklichkeit und viele Verbindungen. Dadurch sind die Ringe entstanden, von denen ich oben sprach, die nun nach einem gemeinschaftlichen Plan arbeiten und je nach dem Lande, aus dem die Mädchen kommen, oder nach der Stadt, wohin sie verschleppt werden sollen, verschiedene Kniffe anwenden. Diese Händler müssen fortlaufend orientiert sein, wo Mädchen fehlen, und wo solche beschafft werden können. Wenn es auch nicht möglich ist, eine Liste sämtlicher Bordelle aufzustellen, so existiert doch ein Adreßbuch, in dem ca. 1100 Bordelle und 150 Vergnügungslokale angegeben sind, welche mit den

Mädchenhändlern in Verbindung stehen. Der Titel dieses Buches, welches alle zwei Jahre neu herausgegeben wird, lautet: „Agence de Publicité, Annonces et Réclames Commerciales. Ancien Cabinet Murier, rue des Martyres 6 Paris, E. Deyber, directeur.“ Durch dieses Buch sind die Händler stets in der Lage, ihre Ware an den Mann oder, richtiger gesagt, an die Männer zu bringen. Diese Häuser werden wohlwollend mit „maisons oder salons de société“ bezeichnet, allerdings hinzugefügt „dites maisons de tolérance“ und „maisons de rendez-vous“. Den größten Raum in dem angeführten Buch nimmt naturgemäß Paris ein. Außer Paris sind aber noch 307 andere französische Städte aufgeführt, in denen offizielle Bordelle bestehen. Unter den fremden Ländern befindet sich auch Deutschland, allerdings nur mit einer Stadt, nämlich Metz mit sieben Bordellen. Die übrigen angegebenen Länder sind Argentinien, Belgien, Spanien, Niederlande und die Schweiz. Hier ist in letzter Hinsicht ein Irrtum festzustellen. In den Niederlanden sollen überhaupt öffentliche Häuser zurzeit nicht mehr bestehen, und in der Schweiz besitzt nur noch Genf derartige Häuser. In allen übrigen Städten sind sie beseitigt. Dies ist um so anerkennenswerter, als dort die Regelung der Prostitution ausschließlich Sache der Kommunalbehörden ist. Auffallend ist, daß Rußland, Ungarn, Galizien, Serbien, Rumänien, Italien, Türkei, Portugal nicht erwähnt sind. In allen diesen Ländern bestehen Bordelle, sie scheinen aber eines Ersatzes aus Frankreich nicht zu bedürfen, weil sie ihren Bedarf an „frischer Ware“ selbst decken können.

Informationsreisen über Bordellwesen

Im Winter 1901/02 hatte der Westdeutsche Sittlichkeits-Verein mit dem Deutschen National-Komitee und anderen Sittlichkeitsvereinen im Bunde den Polizeiinspektor Balkestein in Haarlem beauftragt, die Bordelle in Holland zu bereisen und eine möglichst gründliche Untersuchung über den Handel mit deutschen Mädchen und Frauen nach Holland in die Wege zu leiten. Er stellte schon damals fest, daß in die anerkannten Bordelle nur in Ausnahmefällen deutsche Mädchen direkt aus Deutschland gebracht würden. Sie machten in der Regel einen Umweg über die Restaurants mit Kellnerinnenbedienung und über die Cafés chantants. Er stellte aber auch ferner fest, daß die zwischen Holland und Deutschland am 15. November 1889 abgeschlossenen wechselseitigen Abmachungen bezüglich des Mädchenhandels die Erwartungen der betr. Regierungen nicht erfüllt hatten.

Die beiden wichtigsten Fragen: 1. Wer hat die Frau zum Verlassen der Heimat veranlaßt? und 2. Wer hat sie für das Bordell angeworben? wurden überhaupt nicht gestellt. Man beschränkte sich darauf, die folgenden Bestimmungen zu erlassen:

Jedes weibliche Individuum deutscher Nationalität muß verhört werden, sobald sie sich in Holland nachweisbar einem unzüchtigen Leben ergibt.

Vor jedem Verhör muß feststehen, daß die Person sich der Prostitution ergeben hat, und auch dann noch muß mit Takt und Umsicht verfahren werden.

Infolgedessen wurden die meisten Mädchen, die sich in heimlichen Bordellen befanden, nicht verhört. Trotzdem zeigte der Bericht von Balkestein, daß ein lebhafter Handel aus Deutschland nach Holland stattfand, und daß der Aufenthalt in den Kellnerinnenhäusern genügt hatte, um die Mädchen für ihren Übertritt in die Bordelle reif zu machen. Die Erlaubnis für die Eröffnung dieser Häuser lag ausschließlich in den Händen der städtischen Behörden. Diese haben übereinstimmend in allen holländischen Städten in den letzten Jahren die Genehmigung zur Errichtung neuer Häuser versagt, die Konzession der alten zurückgezogen und die Überwachung der heimlichen Häuser verschärft, so daß die Einwanderung deutscher Mädchen nach Holland geringer geworden ist.

Derartige Informationsreisen sind stets mit großen Kosten verbunden und können deshalb immer nur in Ausnahmefällen vorgenommen werden. Ich habe die Häfen des Mittelländischen Meeres, Brasilien, Uruguay und Argentinien bereist und bei allen diesen Reisen immer wieder feststellen können, daß die größte Nachfrage stets aus den Hafenstädten kommt, weil dort durch die Dampfer nicht nur die Besatzung der Schiffe, sondern auch die vielen Reisenden als neue Klienten zugeführt werden. Der Geschmack dieser ist sehr verschieden. Anfangs mußte man annehmen, daß Nationalität und Rasse von wesentlichem Einfluß seien, und die Matrosen am liebsten mit den Mädchen aus ihrem eigenen Lande verkehrten. Dies trifft jedoch nicht zu, man kann sogar häufig das Gegenteil bemerken, daß nämlich die Männer im Ausland auch exotische Neigungen annehmen und womöglich farbige Mädchen aufsuchen. Um nun in dieser Beziehung Angebot und Nachfrage zu regeln, ohne die Beamten gleichzeitig aufmerksam zu machen, hatten die Händler in ihren Depeschen harmlose Bezeichnungen erfunden, aus denen sowohl der Wert der Ware als auch ihre Herkunft bezeichnet wird „5 Faß Ungarwein", „3 Ballen französischer Seide", „4 Sack polnische Kartoffeln" waren früher die üblichen Bezeichnungen für Mädchen, ihre Nationalität und ihren Preis. Jetzt, wo die Beamten zu strenger Kontrolle gezwungen sind, haben derartige Kniffe keinen Wert mehr. Auch sind die Bedingungen nicht mehr so einfach, daß man sie durch Telegramme erledigen kann. Die notwendige Korrespondenz erfolgt in einem „deutsch-jiddischen" Jargon, dessen Entzifferung stets Mühe macht. Auch sind die Händler so vorsichtig, an Stelle der Namen Zahlen oder Spitznamen zu setzen, damit ihre Komplicen nicht so leicht gefunden werden.

Die wichtigsten Absatzgebiete sind New York, Baltimore, Rio de Janeiro, Buenos Aires, Johannesburg, Colombo, Alexandria, Kairo und Konstantinopel. In allen diesen Städten sind schon unzählige Händler gefaßt und bestraft und doch hat der Handel noch nicht wesentlich abgenommen, weil die meisten Strafen zu gering bemessen waren. Man sollte zwei Jahr Zuchthaus als Minimalstrafe festsetzen und die Überweisung an ein Arbeitshaus als Regel hinstellen. Der Verdienst der Leute ist zu groß, als daß sie sich durch geringe Strafen abschrecken ließen.

Um welche Summen es sich hierbei handelt, kann man aus folgendem, verbürgten Fall sehen.

In Chikago wurde ein berüchtigter französischer Mädchenhändler, Dufour mit seiner Frau, gefaßt. Man fand bei ihnen ca. 20 junge Mädchen, welche die Agenten aus den verschiedensten Teilen Europas und Amerikas zusammengebracht hatten. Die Lasterhöhle der Dufours war sowohl Annahmestelle als auch Ausfuhrstation für die weitere Umgebung von Chikago. Das Ehepaar wurde gegen eine Kaution von 26500 Dollar (106000 Mk.) in Freiheit belassen. Diese Summe ließen sie im Stich und flüchteten nach Paris.

Aus ihren Büchern ergab sich, daß sie im Jahre 1907 102720 Dollar (410880 Mk), und in den ersten fünf Monaten 1908 41000 Dollar (164000 Mk.) verdient hatten. Derartige Summen liefern den Beweis, wie schnell die Mädchenhändler sich ein Vermögen erwerben können.

Der Salon Riehl

Einen erschreckenden Einblick in das Treiben der Mädchenhändler, der Bordellbesitzer und ihrer Verbindung mit der Polizei brachten die in Wien geführten Verhandlungen gegen den Kleidersalon Riehl. Die dortigen Zustände machten einen außerordentlichen Eindruck und trugen zur Erweiterung des Kampfes gegen die Bordelle wesentlich bei. Die Verbindungen der Madame Riehl mit den verschiedensten Polizeiorganen bewies, daß die Mädchen durch die Beamten nicht nur nicht geschützt, sondern direkt gefährdet waren.

Interessant und bezeichnend ist, was eine Wiener Zeitung über diesen Fall schrieb: Auf der Anklagebank vor einem Wiener Erkenntnisgericht eine verschmitzte, schändliche Megäre, Frau Riehl, Hausbesitzerin und durch die Hohe Statthalterei konzessionierte Bordellwirtin, ferner eine verhutzelte, ekle, schmierige Gehilfin in diesem Freudenhause, endlich ein Ehrenmann, der einen Monatsgehalt dafür bezogen hat, daß er seine Tochter dieser Frau Riehl, die ein stadtbekanntes öffentliches, von der Polizei fast ermutigtes Haus führte, geliehen hat, dann ein Paar Dirnen, arme, wenig verlockende

Geschöpfe, angeklagt der falschen Zeugenaussage in der Voruntersuchung, weil sie, verschüchtert aus Angst vor Prügeln nicht gewagt hatten, die zuerst gegen die Madame gemachten Aussagen aufrechtzuerhalten. Und physisch unsichtbar, aber moralisch am schwersten belastet auf der Anklagebank dieses Schandprozesses, der seit Tagen das sittliche und rechtliche Bewußtsein der Stadt Wien in Aufruhr bringt, die Polizeiverwaltung der k. k. Haupt- und Residenzstadt, unter deren Augen da Dinge vorgegangen sind, die nichts mit Sittenstrenge und Moral zu schaffen haben brauchten, um dennoch an die elendsten Kolonialmißbräuche zu erinnern. Was von Zeit zu Zeit von südamerikanischen oder der Herrgott weiß wo gelegenen Freudenhäusern an Vergewaltigungen armer Mädchen, Bestialitäten gegen verirrte Frauenzimmer gemeldet wurde und als unkontrollierbare, vielleicht zelotisch verzerrte Nachricht gehört wurde, stellt sich in diesem Prozeß hier als tägliches Geschehnis eines öffentlichen Hauses in einer belebten Wiener Straße heraus, als jahrzehntelang geübte Praxis, der keine schriftliche, keine mündliche Anzeige eines Unbeteiligten oder gar eines Beteiligten ein Ende setzen konnte, bis ein Journalist durch eine heftige und immer wieder aufgenommene Zeitungskampagne die Polizei zum Eingreifen zwang. Denn nicht die Existenz eines Bordells, nicht irgendwelche schmierige oder ekle Vorgänge sexueller oder perverser Natur sind es, die hier Öffentlichkeit und Gericht beschäftigen — Dirnen zu exploitieren, „Orgien“ zu veranstalten, Liebe zu verhökern, ist der guten Frau Riehl seit Jahr und Tag durch eine Konzession gestattet. Sie gibt, wie irgendein Unternehmer ihr Einkommen der Steuerkommission an und zahlt für einen Erwerb von 35000 Kronen Steuer. Ja, sie lebt in bestem Einvernehmen mit den Behörden, die ihr, was im Prozesse verlesen wurde und ein sittengeschichtliches Kuriosum ist, sogar Atteste für gediegene Führung ihres Hauses ausstellen.

Die Zustände im Hause Riehl sind so typische gewesen, daß wir uns nicht versagen können, einen weiteren authentischen Bericht hierüber anzuschließen:[3]

„Das Geschäft hatte einen bedeutenden Umfang, denn die Riehl hielt bis zu 20 Prostituierte und hatte für ihren Zweck ein ganzes Haus gemietet, für das sie einen Jahreszins von 10000 Kr. zu entrichten hatte. Die Räumlichkeiten waren, soweit sie dem Bordellverkehre dienten, mit großem Komfort eingerichtet. Im krassen Gegensatz hierzu standen die sanitätswidrigen Verhältnisse in den Schlafräumen der Prostituierten, die, in wenigen engen, ärmlich ausgestatteten Räumen zusammengepfercht, zu zweien in einem Bett schlafen mußten.

Mit der Anwerbung junger Mädchen für ihr Haus waren eine große Anzahl von Personen verschiedenster Art beschäftigt. Alte Frauen und junge Burschen näherten sich auf der Straße oder im Park vagierenden Dienstboten, von denen einige die Not oder der Leichtsinn zur Ausübung der geheimen Prostitution getrieben hatte, und erboten sich, ihnen einen guten Dienstplatz zu verschaffen. Dienstvermittlungsbureaus sendeten ihr junge Mädchen zu, und sogar in den Spitälern kam es vor, daß einer Patientin von ihrer Leidensgefährtin das Haus Riehl empfohlen wurde. Das Augenmerk dieser Agenten war vorwiegend auf Mädchen gerichtet, die kaum dem Kindesalter entwachsen waren. Die jüngste von allen war nach den Erhebungen Ottilie Geresch, die bei ihrem Eintritte 14 Jahre 3 Monate zählte. Damit sie noch jünger erscheine, wurden ihr die Haare gewaltsam abgeschnitten. Die Riehl und ein Mädchen hielten sie hierbei fest, da sie sich wehrte. Ein Mädchen wurde als Stubenmädchen angenommen, damit sie Deutsch bei der Riehl lernen sollte. Als die Mutter zu Besuch kam, hat sich die Tochter schnell als Stubenmädchen anziehen und so erscheinen müssen. Um die Mädchen leichter in ihre Netze zu locken, hatte sie außen an dem Hause eine große Tafel mit der Aufschrift „Kleidersalon Riehl" angebracht.

Den Neueintretenden gegenüber war das Verfahren der Beschuldigten je nach dem Grade ihrer Verkommenheit ein verschiedenes. Den einen machte sie kein Hehl aus dem Geschäfte, dem sie in ihrem Hause nachzugehen hätten. Andere nahm sie entgegen den polizeilichen Bestimmungen, die das Halten jugendlicher Dienstboten in einem tolerierten Hause ausdrücklich verbieten, vorerst als Dienstboten auf... Es sind drei Fälle nachgewiesen, in denen die Eltern von der Riehl regelmäßige Zahlungen aus dem Schandlohne ihrer Kinder bezogen...

Das Leben der Prostituierten in diesem Hause gestaltete sich wie folgt: Am frühen Morgen, nachdem die Besucher das Haus verlassen hatten, wurden die Mädchen in die schon beschriebenen Schlafräume geführt, die sie die Kaserne nannten. Die Türen wurden hinter ihnen von außen versperrt, die Fenster dieser Zimmer waren mit Milchglas versehen und mittels eiserner Vorlegestangen versperrt. Die Mädchen schliefen dort bis in den Mittag; war das Mittagsmahl, das gemeinsam eingenommen wurde, aufgetragen, so öffneten sich die Türen der Kaserne, und in Reih' und Glied verließen die Mädchen diesen Raum (76 cbm Luft = 9 cbm auf jede Person, in den Zellen des Landgerichts Wien 18–20 cbm für den Sträfling), in den sie sofort nach Beendigung des Mittagsessens wieder eingesperrt wurden. Sie verbrachten daselbst den Nachmittag und konnten die Kaserne nur verlassen, wenn die Wirtschafterin sie holte, weil ein Besucher sie verlangte. Erst abends wurden sie in den Salon geführt, in dem die Fenster in gleicher Weise verwahrt waren wie in den Schlafräumen.

Der Besucher, der mit einem Mädchen „aufs Zimmer" ging, mußte von 10 Kr. aufwärts an die Riehl, bzw. die Pollak, die Vertraute der Riehl, bezahlen. Auch das sog. Strumpfgeld mußten die Mädchen bei Vermeidung von Beschimpfung und Schlägen abliefern. Beim Schlagen bediente sich die Riehl der Hand, des Schürhakens oder einer Hundepeitsche. Das Wehgeschrei mißhandelter Mädchen ist von Zeugen auf große Entfernung gehört worden.

Manchmal, wenn besonders zahlungsfähige Herren kamen, mußten sich die Prostituierten in Straßenkleidung vorstellen und wurden als Bürgertöchter und junge Frauen ausgegeben. Die Tageseinnahmen sollen 200–400 Kronen gewesen sein. Gleichwohl bekamen die Mädchen nie Geld in die Hände, die Riehl rechnete nie mit ihnen ab. Wollten Mädchen fort, so behauptete die Riehl vielmehr, das Mädchen sei ihr für Logis, Kost, Garderobe mehrere hundert Kronen schuldig, die sie erst abverdienen müsse.

Die Garderobe der Mädchen bestand aus zwei Hemden und Unterrock, Strümpfen und einem Paar Atlasschuhen; in der kalten Jahreszeit erhielten sie noch einen Schlafrock. Die Kleider, die sie ins Haus mitgebracht hatten, wurden ihnen beim Eintritt abgenommen und von der Riehl verwahrt.

Der Briefwechsel der Mädchen stand unter strengster Kontrolle; einlangende Briefe, die der Beschuldigten nicht paßten, wurden unterschlagen. Was die Mädchen schrieben, mußte der Riehl vorgelesen werden; fand sie etwas zu beanstanden, so zerriß sie den Brief und diktierte einen neuen, in dem das Mädchen sich glücklich pries, in diesem Hause Aufnahme gefunden zu haben.

Ein Ausgang wurde den Mädchen nicht gestattet; dem Hausbesorger war es aufs strengste eingeschärft, das Haustor stets versperrt zu halten: für den Fall, daß ein Mädchen entkam, war ihm sofortige Entlassung angedroht.

Juliane B. war vier Tage in einem Zimmer eingesperrt, so daß es ihr nicht einmal möglich war, auf den Anstandsort zu gehen.

Unter solchen Umständen kam es oft vor, daß ein Mädchen wochen-, ja monatelang nicht aus dem Hause kam. Nur ab und zu durften diejenigen Mädchen, mit denen die Riehl zufrieden war, den beim Hause befindlichen Garten betreten.

Zuweilen unternahm die Riehl mit einzelnen Prostituierten auch Ausfahrten, sie besuchte mit ihnen Vergnügungslokale, um die dort verkehrende Lebewelt auf ihr Unternehmen aufmerksam zu machen. Sie belud hierbei die Mädchen mit Schmuck und gab ihnen ihr Geldtäschchen zu tragen, um sie, wenn sie hätten ausreißen wollen, beschuldigen zu können, daß das Mädchen Schmuck und Geld zu stehlen beabsichtigt habe.

Im Hause mußten die Mädchen die Gäste zum Trinken animieren und sich selbst auf Kosten der Gäste betrinken. Der Ekel vor gewissen Perversitäten, die die Besucher von ihnen verlangten, die Furcht vor dem Schmerze, der damit verbunden war, wurde nicht geduldet; durch Beschimpfung und Mißhandlung wurde ihnen solche Empfindlichkeit ausgetrieben. „Ein böhmisches Madel muß alles machen!“ sagte die Riehl. Die Zeugin König zeigte dem Zeugen Bader große Striemen am ganzen Körper und ausgedehnte Blutunterlaufungen. Im Hause verkehrten viele „Prügelherren“, für die Hundepeitschen und Ruten zur Verfügung standen. Für das Prügeln bestand eine eigene Taxe, derzufolge die Klienten 50 bis 100 Kr. bezahlen mußten; die Mädchen erhielten aber nur die Prügel.

Die meisten Mädchen waren durch das fortgesetzte Nichtstun, durch die häufigen Alkohol- und Sexualexzesse derart entkräftet, durch die Mißhandlungen seitens der Riehl, deren Opfer oder Zeuginnen sie gewesen waren, derart eingeschüchtert, daß nur wenige energisch genug waren, ihre Befreiung zu betreiben. Bei solchen Anlässen pflegte Regina Riehl auch mit Polizei, Schub oder Arbeitshaus zu drohen, und diese Drohungen waren um so mehr geeignet, bei den größtenteils ganz unerfahrenen Mädchen zu verfangen, als sie ja beobachten konnten, wie gut die Riehl mit der Behörde auszukommen verstand.

Unternahm es ein Mädchen zu fliehen und mißlang der Versuch, so wurde es unter Prügeln zurückgebracht. Sich direkt an die Polizeibehörde zu wenden, war unmöglich, denn polizeiliche Revisionen fanden nur äußerst selten statt, und bei den ärztlichen Visitationen war eine offene Aussprache wegen der Gegenwart der Riehl oder der Pollak ausgeschlossen.

Maria Kotzlik hat sich selbst eine Verletzung beigebracht, um bei der Entlassung aus dem Spital fliehen zu können. Aber die Pollak überwachte bei ihren Besuchen die Fortschritte der Genesung und stand am Tage und zur Stunde der Entlassung mit einem Wagen vor dem Tore, in dem sie das Mädchen zur Riehl zurückbrachte.

Regina Riehl ist geboren 1860 in Wradisch, evangelisch-lutherischer Religion, Bordellinhaberin; bereits in den Jahren 1890, 1893 und 1895 insgesamt viermal wegen Kuppelei, zuletzt mit vier Monaten strengen Arrests vorbestraft. Ihr Freudenhaus hatte sie zu Wien zuerst in der Porzellangasse, dann Mühlgasse 3, Liechtensteiner Straße 15, zuletzt Grüne Torgasse 24. Ihr Mann war Buchhalter, später auch Prokurist. Sie sei auf den Gedanken, ein Bordell zu halten, gekommen, um sich einen Nebenerwerb zu schaffen. Sie habe Verpflichtungen gehabt, auch habe sie sparen und ihrem Manne zeigen wollen, daß sie eine gute Wirtin sei. Sie habe eine große Wohnung und an ein Fräulein vom Karl-Theater vermietet gehabt. Diese Dame habe Herren mit in ihre Wohnung gelockt und sie dann durch

Geldversprechungen bewogen, ein „Aufführhaus“ zu halten. Ihr Mann habe aber davon nichts gewußt; sie habe das ganz heimlich betrieben. Die Einrichtung ihrer Häuser hat ihr 40000 Kr. gekostet. Das Haus in der Liechtensteiner Straße hat sie sich für 25000 Gulden gekauft. Die Honorare im Hause Riehl sollen angeblich für den Abend keine hundert Gulden eingebracht haben. Die „Glücksherren“ zahlten einen Gulden, die „Italiener“ ebenfalls, die Ärzte vom Allgemeinen Krankenhaus und Wiener Spital zahlten drei Gulden, die „Herren vorn Steueramt“ einen Gulden, Stammgäste fünf Gulden.

Die Helfershelferin Pollak ist am 4. Oktober 1838 in Pravonin geboren, mosaischer Religion, verheiratet, unbescholten, aber wegen Mädchenhandels in Untersuchung gewesen.

Die Riehl wurde zur Strafe des schweren, vierteljährlich durch einen Fasttag verschärften Kerkers in der Dauer von drei und einem halben Jahre und zu insgesamt 2800 Kr. Genugtuung für Freiheitsentziehung an einzelne Mädchen, die Pollak zu einem Jahre schweren Kerkers, verschärft mit zwei Fasttagen monatlich, verurteilt.“

Dieser Prozeß fand statt im November 1906. Es sei dies hinzugefügt für jene, die etwa glauben, es handle sich um einen Bericht aus grauer Vorzeit.

Die Entrüstung über dieser Veröffentlichung war aber eine ehrliche, nicht nur in Österreich, sondern auch in anderen Ländern. In Deutschland fing man daraufhin an, auch gegen solche Leute vorzugehen, die Mädchen aus einem Bordell in das andere brachten. Früher hatte man diese unbehelligt gelassen, weil sie ja nur harmlose Reisebegleiter waren, jetzt behandelt man sie als Kuppler und Mädchenhändler.

Ein Bordellbesitzer, der aus Mährisch-Ostrau zwei Mädchen nach Lübeck brachte und in Berlin festgenommen wurde, erhielt wegen Kuppelei neun Monate Gefängnis. Seine Revision wurde vom Reichsgericht verworfen.

Trotz alledem ist die Zahl der Bordellanhänger noch immer sehr groß und einflußreich.

[3] Aus: Staatsanwalt Dr. Wulffen, Psychologie des Verbrechers. 2 Bde. 25 Mk., geb. 30 Mk. Im gleichen Verlage.

Scheingründe für die Beibehaltung der Bordelle

Frauen- und Sittlichkeitsvereine haben in Bayern, Württemberg und Baden Petitionen für Abschaffung der Bordelle eingereicht. Die Kammern waren nicht abgeneigt, diese berechtigten Wünsche anzuerkennen und die öffentlichen Häuser zu schließen. Da traten in den Kammern aller drei Länder die Minister persönlich auf und erklärten, daß sie trotz alledem das

Bordell als beste Lösung der Prostitutionsfrage betrachteten, und zwar aus folgenden Gründen:

1. wird durch diese die Volksgesundheit am wenigsten geschädigt;
2. werden die Straßen rein gehalten;
3. wird die Prostitution lokalisiert;
4. werden die Besucher gegen Ausbeutung und Erpressung geschützt;
5. werden die Prostituierten verhindert, in Familien mit Kindern zu wohnen.

Ganz abgesehen davon, daß es sich bei der Kasernierung der Prostituierten nur um 5% aller Prostituierten handelt, es also ziemlich gleich ist, ob 100% oder 95% derselben frei umherlaufen, hat nur der fünfte Grund eine wirkliche Berechtigung. Es würde aber durchaus nicht schwierig sein, durch gesetzliche Bestimmungen diesen Übelstand zu beseitigen. Die Mittel anzugeben, in welcher Weise hier Abhilfe geschaffen werden kann, habe ich bereits oben angedeutet, und ich beschränke mich deshalb darauf, die ersten vier Gründe zu widerlegen.

Daß die Einrichtungen der einzelnen Bordelle sehr verschieden sind, habe ich schon oben erwähnt. Darin stimmen aber alle überein, daß in ihnen wöchentlich zwei bis drei ärztliche Untersuchungen der Mädchen stattfinden. Hieraus wird für die Besucher eine Art von Sicherheit hergeleitet, die in der Tat nicht vorhanden ist. Die Mädchen erhalten in den einzelnen Häusern täglich eine Anzahl von Besuchen, die, je nach Beschaffenheit der Mädchen und der Menge der Reisenden, die das ständige Publikum vermehren, zwischen 10 und 30 schwanken. In den Bordellen, in welchen die Zahl der Besucher in ein Buch eingetragen werden, ist die Maximalziffer 20. Daraus ergibt sich, da der Versuch, die Männer zu untersuchen, überall gescheitert ist, in 100 bis 150 Fällen wöchentlich die Möglichkeit einer Infizierung. Daß diese trotz aller Vorsichtsmaßregeln auch in der Regel eintritt, kann dadurch bewiesen werden, daß alle Bordellmädchen spätestens nach einem vierwöchentlichen Aufenthalt einem Hospital überwiesen werden müssen. Wenn sie nach ihrer Heilung für ihre Person auch immun sein mögen, so bieten sie doch stets die Gefahr der indirekten Übertragung. Es ist sehr selten, daß ein Mädchen in dasselbe Bordell zurückkehrt, in dem sie gewesen ist. Sie gilt dort als krank und wird deshalb von den stehenden Besuchern gemieden. Sie ist während ihrer Krankheit von ihrem früheren Brotherrn schon an ein anderes Haus verkauft worden. Hierin findet sich die Erklärung dafür, daß die Mädchen in verhältnismäßig kurzer Zeit so tief sinken. Daß sie die Gelegenheit benutzen, die im Hospital erlangte Freiheit zu behaupten, kommt selten vor. Sie halten sich für verpflichtet, ihre früher kontrahierten Schulden „abzuverdienen", würden auch keine Stellung finden, um ein anderes Leben zu beginnen. Ich kann mich natürlich hier nicht über die mangelhafte Form der Untersuchungen näher auslassen. Das Faktum steht aber fest, wird auch von den Ärzten nicht bestritten, daß die Untersuchungen völlig unzureichend sind. Mikroskopische Präparate, die absolut notwendig sind, werden nur in den allerseltensten Fällen gemacht, und deshalb werden die Infektionsgefahren so häufig übersehen. Wie viele Männer haben sich die Krankheiten gerade aus diesen Häusern geholt! Eine Vermehrung der Untersuchungen und eine größere Gründlichkeit sind wegen der damit verbundenen Kosten nicht zu erreichen, würden auch noch aus anderen Gründen wenig ändern, weil jeder Besuch den Keim der Infektion in sich trägt, und die Mittel, diese Gefahr zu beseitigen, ungenügend sind.

Will man wirklich einschneidende Mittel anwenden, um die geschlechtlichen Krankheiten zu verringern, so soll man jedem Mann die Überzeugung beibringen, daß er sich einer bodenlosen Gemeinheit schuldig macht, wenn er als Kranker ein Mädchen besucht. Augenblicklich ist diese Ansicht bei recht wenig Männern durchgedrungen. Man kann sogar die Ansicht hören: „Ich bezahle ja, folglich habe ich das Recht des Besuches." Eine Erziehung der jungen Männer in dieser Beziehung würde wesentlich bessere Resultate erzielen, als die jetzigen oberflächlichen Untersuchungen.

Der zweite Grund der Bordellfreunde, daß die Reinheit der Straßen durch das Vorhandensein von Bordellen garantiert wird, ist eine unbewiesene Behauptung. Gerade auf diesen Punkt habe ich auf meinen Reisen im Ausland ganz besonders mein Augenmerk gerichtet und habe beim besten Willen keinen Unterschied entdecken können. Auch Huret, der unsere Zustände zwar objektiv schildert, aber doch ganz gewiß kein besonderes Wohlwollen für Berlin besitzt, gibt zu, daß die Prostitution in den Straßen von Paris sich mehr bemerkbar macht, als in den Straßen Berlins. Dabei gehört Berlin zweifellos zu den Städten, in denen die „Venus Vulgivaga" am meisten in die Welt der Erscheinungen tritt. Ein schärferes Eingreifen der Polizei ändert diese Zustände im Augenblick. Ich habe eine Stadt kennen gelernt, in der ich trotz vierzehntägigen Aufenthaltes nicht einmal angesprochen worden bin, während ich in deutschen Bordellstädten in zwei Stunden ungezählte Anerbietungen erhielt. Man ist in einem fundamentalen Irrtum befangen, wenn man glaubt, daß die Zahl der Prostituierten durch die Bordellmädchen verringert wird. Im Gegenteil wird sie sogar um diese Zahl vermehrt, da sich die Anzahl der einzeln lebenden Mädchen sofort in dem gleichen Maße vermehrt, als Mädchen in die Bordelle aufgenommen werden. Dies ist statistisch ziemlich sicher festgestellt. Ebenso ist es ein Irrtum, daß die auf der Straße sich anbietenden Prostituierten unserer heranwachsenden Jugend gefährlicher sind, als die in den öffentlichen Häusern befindlichen Dirnen. Gymnasiasten wagen es nicht,

Mädchen auf der Straße anzusprechen, weil sie fürchten, hierbei beobachtet zu werden; auch haben sie Besorgnis, daß sie sich bei ihren Bewerbungen blamieren. In die öffentlichen Häuser gehen sie aber, sobald ein Wissender sie hierzu auffordert, und derartige Wissende finden sich leider in allen Kreisen.

Selbst der dritte Grund, die Lokalisierung der Prostitution, trifft nicht zu. Man braucht nur einmal die Bordellstraßen zu beobachten, wieviel Schulmädchen sich am Eingang derselben einfinden, nicht etwa aus reiner Neugierde, sondern um den Dirnen Konkurrenz zu machen. Wer dies nicht persönlich gesehen hat, hält es nicht für möglich, wie weit und wie tief die Unmoralität bereits um sich gegriffen hat.

Richtig ist es, daß die Besucher gegen Ausbeutung und Erpressung gesichert werden. Wenn die Zuhälter die Familienverhältnisse derjenigen kennen würden, die die Mädchen in öffentlichen Häusern besuchen, so würden sie in ähnlicher Weise vorgehen, wie dies jetzt bei Vergehen gegen § 175 geschieht.

Familienväter würden keinen Augenblick Ruhe haben, und Ehescheidungen würden in einer unglaublichen Weise zunehmen. Daß man versucht, dies zu verhindern, ist zwar praktisch, aber vom moralischen Standpunkt nicht zu entschuldigen. Der Umstand, daß die Männer glauben, auch heut noch polygamisch leben zu dürfen, darf die Gesetzgebung nicht beeinflussen. Der Staat kann sich unmöglich auf den Standpunkt stellen: „Die Männer können der Versuchung, die in geschlechtlicher Beziehung an sie herantritt, keinen genügenden Widerstand entgegensetzen; folglich muß der Staat dafür sorgen, daß diese Schwäche möglichst geringen Schaden anrichtet." Dieser Standpunkt hat in vielen Ländern dazu geführt, die öffentlichen Häuser zu konzessionieren und hierdurch die Inhaber derselben zu staatlichen Beamten zu machen und das Gewerbe der Prostituierten anzuerkennen. Es soll doch vorgekommen sein, daß von derselben Behörde an „die Prostituierte Fräulein Anna Schulz" und an die „Arbeiterin Marie Schulz" geschrieben worden ist.

Auch der so häufig angeführte Grund, daß sich sofort heimliche Bordelle bilden würden, wenn man die öffentlichen verbietet, ist nicht zutreffend. Sobald ein Gesetz besteht, daß nicht mehr als zwei Prostituierte in einem Hause wohnen dürfen, ist die Bildung heimlicher Bordelle unmöglich. In Buenos Aires hatten die konzessionierten Häuser nur für drei Prostituierte Lizenz. Trotzdem sich abendlich eine große Zahl freier Prostituierter dort einfanden und so gewissermaßen „maisons de rendez-vous" gebildet wurden, reichten die Besitzer schon nach einem Jahr die Bitte ein, die Anzahl ihrer Mädchen auf fünf erhöhen zu dürfen, da sie bei einem Bestand von drei Mädchen nicht imstande seien, die Häuser zu halten. Da man in Argentinien diese Häuser für nötig hält, wurde die Bitte bewilligt und das Halten von fünf Mädchen zugegeben.

Hier kommen wir auf den Punkt, wo das große Publikum in den Kampf gegen den Mädchenhandel eingreifen kann, allerdings erst dann, wenn das Wohnen der Prostituierten in einem Hause gesetzlich auf eine bis zwei beschränkt worden ist. Allerdings ist dieses Eingreifen nicht leicht. Einmal widerstrebt dem Deutschen die Anzeige bei der Polizei, er hält dies für unanständig. „Der größte Schuft im ganzen Land, das ist und bleibt der Denunziant." Dann aber spricht auch die Furcht mit, daß der Zuhälter der Angezeigten an dem Denunzianten Rache nehmen wird. Beides kann umgangen werden durch Anzeige bei dem Hauswirt. Dieser braucht für seine Kündigung keine Gründe anzugeben, und muß andererseits sich gegen eine Anzeige bei der Polizei im eigenen Interesse schützen. Wenn also das Publikum dahin erzogen wird, dem Hauswirt mitzuteilen, daß eine Mieterin gewerbsmäßige Unzucht treibt, so ist die Möglichkeit gegeben, diese Zustände zu ändern, allerdings, wie erwähnt, wenn die Gesetzgebung sich der Angelegenheit angenommen hat und es unmöglich macht, daß eine größere Zahl von Prostituierten in einem Hause wohnt. Um dem Hauswirt die Möglichkeit zu geben, diesem Gesetz Folge zu leisten, müßte fernerhin die Polizei auf erfolgte Anfrage Antwort erteilen, ob eine Mieterin in der Dirnenliste steht oder nicht, was sie augenblicklich noch verweigert. Daß Familien mit schulpflichtigen Kindern nicht an Prostituierte vermieten dürfen, ist ja bereits in dem vom Kultusministerium und dem Ministerium des Innern gemeinsam gegebenen Erlaß vom Jahre 1907 verfügt werden. Auch diese Bestimmung muß Gesetzeskraft erlangen, damit die Kinder gegen den schädlichen Einfluß dieser Mädchen geschützt werden.

Gründe gegen Beibehaltung der Bordelle

Die Gegner der Bordelle nehmen dagegen folgende Stellung ein: § 180 des Strafgesetzbuches stellt das Halten von Bordellen unter Strafe. Jede Behörde, die diesen Paragraphen ignoriert, handelt ungesetzlich und kann hierfür zur Verantwortung gezogen werden. Schon das Bestehen dieser Häuser ist aus sittlichen Gründen für alle Frauen und Mädchen eine schwere Beleidigung, die nicht geduldet werden darf. Da die Gesetzgebung sie außerdem verbietet, so wird auch die staatliche Autorität untergraben und die Behandlung der Prostitution in Deutschland als völlig unlogisch angesehen. Auf der einen Seite die Häuser durch Gesetze verbieten, auf der anderen Seite sie durch Verwaltungsmaßregeln gestatten, ist eines gesetzlich denkenden Volkes unwürdig.

Zu welchen Konsequenzen der augenblickliche Zustand führen kann, wurde durch eine Gerichtsverhandlung in Trembowla (Österreich) drastisch bewiesen. Dort liegen zwei Regimenter in Garnison, und der Garnisonälteste richtete an die oberste Zivilbehörde einen Antrag, daß mit Rücksicht auf die große Garnison in Trembowla ein öffentliches Haus eröffnet wurde. Der Bezirkshauptmann erhielt den Befehl, diesem Antrag Folge zu leisten. Er beauftragte einen Herrn Jean Dziaduch, ein solches Haus zu eröffnen. Der Erfolg war natürlich für p. Dziaduch ein glänzender. Er machte so gute Geschäfte, daß er in kurzer Zeit ein reicher Mann wurde. Dies erregte den Neid der übrigen Gastwirte, die ihn wegen Kuppelei verklagten. Er wurde auch in der ersten Instanz zu vier Monaten Gefängnis verurteilt. Natürlich legte er Berufung ein, und da er den klaren Beweis liefern konnte, daß er auf obrigkeitlichen Befehl gehandelt hatte, wurde er in der zweiten Instanz freigesprochen. Will man die öffentlichen Häuser einführen, so muß man auch die Gesetzgebung danach einrichten und öffentlich bekennen, daß die Bordelle für Gesundheit und Moral des Volkes von so hohem Wert seien, daß man sie nicht entbehren kann. Dann dürfen sie aber keine Privatanstalten bleiben, sondern dann müssen sie staatlichen Beamten unterstellt werden. Dazu werden sich aber in keinem Lande der Welt die gesetzgebenden Faktoren bereit finden lassen.

Daß man die Gewerbsunzucht durch alle diese Einrichtungen großzieht, liegt auf der Hand. Je geringer die Gelegenheit zu Ausschweifungen ist, desto geringer wird auch allmählich das Bedürfnis werden. Man erzieht die Männer durch Vermehrung der Gelegenheit direkt zur Unzucht und gibt den Prostituierten eine staatliche Stellung, die sie, wenigstens in den Augen der Mädchen, pensionsberechtigt macht.

Wenn der Staat seine eigenen Gesetze nicht befolgt, kann man sich dann wundern, wenn sich auch die Verbrecher über diese Gesetze hinwegsetzen?

Man sehe sich doch einmal die Besucher der Bordelle an. Sind es wirklich diejenigen, welche von der Natur infolge des übermäßigen Geschlechtssinnes zur Betätigung desselben gedrängt werden? In der Regel nicht; diese haben fast immer ihre Verhältnisse. Gerade unter den Bordellbesuchern nehmen drei Kategorien die erste Stelle ein, die in diesen Häusern nichts zu suchen haben: 1. junge Leute, Lehrlinge, Gymnasiasten und sonstige Schüler, die man schon aus Gesundheitsrücksichten vor diesem verfrühten Genuß bewahren sollte; 2. alte Roués, die in diese Häuser gehen, um Perversitäten zu lehren und zu lernen, und 3. die auf Reisen befindlichen Ehemänner. Ist es logisch, wenn der Staat sich für diese interessiert? Sollte er nicht gerade zur Erhaltung der Sittlichkeit mit Strenge darauf halten, daß derartige Häuser nicht entstehen? Glaubt wirklich heute noch jemand, daß der Gesundheitszustand des Volkes durch die Untersuchungen in den Bordellen auch nur im geringsten gebessert ist?

Über das, was an Perversität in diesen Häusern geleistet wird, kann ich mich nicht auslassen. Ich kann aber die Versicherung geben, daß das, was ich von den Bewohnerinnen gehört habe, alles übersteigt, was sich die schmutzigste Phantasie ausmalen kann. Ich bin auch fest überzeugt, daß wir eine Reihe von den Prozessen, die in der letzten Zeit ein so ungünstiges Licht auf die deutsche Sittlichkeit geworfen haben, nicht gehabt hätten, wenn die Perversitäten nicht durch diese Häuser eine solche Verbreitung gefunden hätten.

Animierkneipen

Vielfach hat man, weil man diese Zustände richtig erkannt hatte, aber doch nicht den Mut besaß, vollständig mit ihnen zu brechen, die Einführung von Animierkneipen geduldet. Diese sind aber noch schlimmer als die Bordelle, weil sie nicht nur auf die geschlechtlichen Begierden der Besucher, sondern auch auf ihre Trunksucht und die damit verbundene Betrunkenheit spekulieren. Fast täglich wiederholt sich dieselbe Erscheinung. Wenn irgendein jugendlicher Angestellter oder Beamter Betrügereien gemacht oder Unterschlagungen ausgeführt hat, geht er sofort in eine Animierkneipe, um dort das erbeutete Geld in lustiger Gesellschaft zu verjubeln. Wieviel nichtgetrunkene Flaschen er dort bezahlen muß, wieviel Geld ihm dort direkt gestohlen ist, weiß er am anderen Morgen nicht mehr. Für eine in der schlechtesten Gesellschaft verlebte Nacht verliert er seine Stellung und seine Ehre. Er gehört zu den Verbrechern, und es gelingt ihm fast niemals, wieder sich zu rehabilitieren. Für die Existenz dieser Verführungsstätten gibt es tatsächlich keinen Grund. Ihre Beseitigung ist eine Notwendigkeit. Für den Mädchenhandel kommen sie nur bei den nationalen Händlern in Frage. Die nationalen Händler lernen aber auf diese Weise den internationalen Handel kennen, gewinnen so die notwendige Routine und Gewandtheit und liefern daher das Rekrutenmaterial für die gefährlichen internationalen Händler.

Wege und Maßnahmen zur Bekämpfung des Mädchenhandels

Geschichtliches

Die Bewegung gegen den Mädchenhandel hat erst in der neuesten Zeit begonnen. Im Anfang des Jahres 1899 reiste der Sekretär der Vigilance Association zu London, Mr. Coote, in die auf dem Festlande befindlichen Hauptstädte der größeren Staaten, um dort seine Erfahrungen, die er mit der Verschleppung von Mädchen gemacht hatte, vorzutragen und eine internationale Bekämpfung dieses Handels in die Wege zu leiten. Das reiche, von ihm zusammengestellte Material erleichterte und begünstigte wesentlich seine Arbeit. Zwar hatte die bekannte Menschenfreundin Josephine Butler schon im Jahre 1875 die Fédération internationale abolitionniste begründet und dadurch die Aufmerksamkeit der gebildeten Welt auf die unlogische Stellungnahme der Gesetzgebung zur Prostitutionsfrage gelenkt, aber die Bekämpfung des Mädchenhandels wurde hierbei nicht besonders betont. Dieser Kampf begann erst 1899 mit dem ersten von Mr. Coote veranlaßten internationalen Kongreß in London, der ausschließlich von Privatvereinen, und zwar von den neubegründeten National-Komiteen beschickt wurde. Die Regierungen hielten sich zunächst noch zurück.

Ohne eine Änderung der gesetzlichen und der Verwaltungsvorschriften war aber keine Möglichkeit vorhanden, die Händler in wirksamer Weise zur Verantwortung zu ziehen. Um über die notwendigen Maßregeln einheitliche Beschlüsse zu fassen, kam es darauf an, einen Staat zu gewinnen, der an die betreffenden Regierungen die notwendigen Einladungen ergehen ließ. Durch die Bemühung des Senators Bérenger wurden diese Schwierigkeiten überwunden, und im Juli 1902 kamen auf Einladung der französischen Regierung die offiziellen Delegierten in Paris zusammen, um sich über die notwendigen Maßregeln zu einigen. Vertreten waren folgende Staaten: Deutschland, Österreich, Belgien, Brasilien, Dänemark, Spanien, Frankreich, Großbritannien, Ungarn, Italien, Norwegen, Niederlande, Portugal, Rußland, Schweden und die Schweiz.

Allgemeine Maßregeln

Eine Gesetzgebung, die man den Beratungen zugrunde legen konnte, existierte überhaupt nicht; man hatte nicht einmal eine Definition des Wortes „Mädchenhandel". Daher war es die erste Aufgabe der Konferenz, diese Definition zu finden, da von ihr die verschiedenen Vorschläge auf legislativem und administrativem Gebiet abhingen. Der Wortlaut der von den Delegierten einstimmig angenommenen Erklärung lautete folgendermaßen: „Wer eine Frau oder ein Mädchen zur Befriedigung der Leidenschaften anderer zur Unzucht anwirbt, verschleppt oder entführt, auch wenn die einzelnen Handlungen, welche den Tatbestand ausmachen, in verschiedenen Ländern begangen sind, wird bestraft." Diese Definition war außerordentlich weit gefaßt und vermied alles, was zu Differenzen Veranlassung geben konnte. Man legte keinen Wert auf majorenne oder minorenne Mädchen, auf Einwilligung oder Nicht-Einwilligung, auf Notlage, auf Vorspiegelung falscher Tatsachen, auf List und Gewalt, sondern überließ es den einzelnen Staaten, ob und welche Verschärfungen sie vornehmen wollten. Im allgemeinen bedeutet „Handel" etwas Gewohnheitsmäßiges. Hier mußte aber von der Gewohnheit abgesehen und gleich im ersten Fall eine Bestrafung eintreten können. Außerdem wurde der Hauptwert auf die Bestrafung der Verkäufer gelegt, die Bestrafung der Käufer lag weniger im allgemeinen Interesse, und man hatte sogar prinzipiell von ihr Abstand genommen.

Allmählich hat man aber eingesehen, daß die Straflosigkeit der Käufer nicht bestehen bleiben kann.

Zu dem Mädchenhandel gehören gerade, wie fast zu jedem anderen Handel, Verkäufer, Vermittler und Käufer. Alle drei sind gleich schuldig und müssen deshalb auch in gleicher Weise bestraft werden können. Dies ist aber bei der jetzigen Gesetzgebung nicht möglich. Der vom 24. bis 28. Oktober 1910 in Madrid abgehaltene Vierte Internationale Kongreß hat sich mit dieser Frage eingehend beschäftigt und dem Wunsche Ausdruck gegeben, daß für eine Änderung der Gesetzgebung ein Zusatz zu dieser Definition angenommen werden möchte, der ungefähr folgenden Wortlaut hat: „oder wer Mädchen gewerbsmäßig in gewinnsüchtiger Absicht der Prostitution zuführt". Erfolgt dieser Zusatz bei einer Änderung der Gesetzgebung, so können auch die nationalen Mädchenhändler und die Besitzer der öffentlichen Häuser in Zukunft als Mädchenhändler bestraft werden. Dies ist jetzt sehr selten möglich. Greift also die Behörde ausnahmsweise einen dieser Käufer heraus, so erfolgt seine Bestrafung lediglich auf den Kuppelparagraphen, also außerordentlich milde. Dadurch läßt es sich erklären, daß trotz aller Anstrengungen bisher eine Abnahme des Mädchenhandels nicht festgestellt werden kann.

Was soll nun geschehen, solange es noch öffentliche Häuser gibt, und solange es die jungen Mädchen nicht über sich gewinnen, sich nach den Stellungen zu erkundigen?

Das erste ist eine möglichste Verschärfung der Strafen der Mädchenhändler. Hierin ist man in Deutschland in den letzten Jahren erfreulich vorwärtsgekommen. Während im Anfang der Bewegung die Staatsanwaltschaft ihr Einschreiten sehr häufig ablehnte, weil es sich nur um einen Versuch handelte und der Versuch der Kuppelei als eines Vergehens nicht strafbar sei, hat man in den letzten Jahren stets den § 48 des Auswanderungsgesetzes angewendet.

Hiernach ist der Mädchenhandel ein mit fünf Jahren Zuchthaus bedrohtes Verbrechen und deshalb auch der Versuch strafbar. Bei Anwendung dieses Paragraphen sind in der letzten Zeit durchschnittlich Strafen von zwei bis drei Jahren Zuchthaus verhängt worden. Unser Wunsch geht dahin, daß mit der Zuchthausstrafe auch stets die Überweisung an das Arbeitshaus verbunden werden möge. Hiervor haben diese Leute die größte Furcht, nicht nur, weil sie arbeiten müssen, sondern weil sie mit den Vagabunden auf eine Stufe gestellt werden. Sie halten sich ja für etwas viel Besseres.

Die stets betonte scharfe Beobachtung der Impresarien und die strenge Kontrolle der Vermietungbureaus ist ebenfalls geeignet, dem Mädchenhandel entgegenzuarbeiten. Das neue Stellenvermittlungsgesetz entspricht im allgemeinen unseren Wünschen.

Die Beaufsichtigung der Grenzstädte und Häfen durch Bahnhofs- und Hafenmission arbeitet ebenfalls dem Mädchenhandel entgegen. Allerdings werden die Damen infolge ihrer Abzeichen selten die Mädchenhändler entdecken, weil diese sofort verschwinden, sobald sie die geringste Aufsicht wittern. Sie nutzen aber doch sehr viel, weil sie die einzeln reisenden und hierdurch gefährdeten Mädchen in sichere Obhut nehmen. Ihre Verbindung untereinander und mit ähnlichen Vereinen im Ausland haben den Mädchen schon viele Vorteile gebracht und ihnen die Reisen erleichtert.

Das Deutsche National-Komitee hat einen „Wegweiser" herausgegeben mit Adressen in der ganzen Welt in der Hoffnung, daß kein Mädchen ohne ein solches Buch abreisen würde. Leider ist der Erfolg nicht eingetreten. Die Nachfrage ist verhältnismäßig gering. Nicht einmal die Adresse des deutschen Konsuls, an den doch sich jedes Mädchen in Not und Gefahr wenden muß, wird verlangt.

Mögen die Mittel, welche der Staat, die Behörden und die Wohlfahrtsvereine anwenden, um den jungen Mädchen im Ausland einen sicheren Halt zu geben, noch so gut und praktisch sein, die Hauptsache ist doch die eigene Persönlichkeit und die feste Absicht der Versuchung, die an jedes Mädchen herantritt, Widerstand zu leisten.

Hierzu ist es notwendig, daß die Erziehung in Kirche, Schule und Familie sich gegenseitig in die Hand arbeitet und sich nicht vor einer richtigen sexuellen Aufklärung scheut. Man soll den Kindern keine falschen Vorstellungen über den Storch und seine Tätigkeit beibringen, dann hat man später nicht nötig, diesen Glauben aus der Welt zu schaffen.

Diese Erziehung muß sich aber nicht nur um die Mädchen, sondern in erster Linie um die jungen Männer kümmern. Ihnen muß durch Hinweis auf ihre Mütter und Schwestern wieder Achtung vor dem weiblichen Geschlecht anerzogen und ihnen klargemacht werden, daß die Verführung eines jungen Mädchens nicht eine Heldentat ist, sondern daß man sich hierdurch die schwere Verantwortung einer vernichteten Existenz aufladet. Das gefallene Mädchen hat seine Ehre verloren, die ihr nur durch die Ehe wiedergegeben werden kann. Dieses Opfer bringt aber der Verführer fast nie, er kann es meist aus materiellen Gründen nicht, selbst wenn er es wollte. Bemerkenswert ist übrigens, wie sich Schopenhauer zu dieser Materie äußert, und wie er, von seinem mehr naturalistischen Standpunkt aus, fast zu demselben Standpunkt über den Verführer gelangt, wie die höchste Moral. Es sei mir daher gestattet, ihn hier zu zitieren.

Schopenhauer spricht sich über diese Verhältnisse sehr klar aus: „Die weibliche Ehre ist die allgemeine Meinung von einem Mädchen, daß sie sich gar keinem Mann, und von einer Frau, daß sie sich nur dem ihr angetrauten hingegeben habe. Die Wichtigkeit dieser Meinung beruht auf folgendem: Das weibliche Geschlecht verlangt und erwartet vom männlichen alles, nämlich alles, was es wünscht und braucht; das männliche verlangt vom weiblichen zunächst und unmittelbar nur eins. Daher muß die Einrichtung getroffen werden, daß das männliche Geschlecht vom weiblichen jenes eine nur erlangen kann gegen Übernahme der Sorge für alles und zudem für die aus der Verbindung entspringenden Kinder; auf dieser Einrichtung beruht die Wohlfahrt des ganzen weiblichen Geschlechtes. Um sie durchzusetzen, muß notwendig das weibliche Geschlecht zusammenhalten und esprit de corps beweisen. Dann aber steht es als ein Ganzes und in geschlossener Reihe dem gesamten männlichen Geschlechte, welches durch das Übergewicht seiner Körper- und Geisteskräfte von Natur im Besitz aller irdischen Güter ist, als dem gemeinschaftlichen Feinde gegenüber, der besiegt und erobert werden muß, um mittels seines Besitzes in den Besitz der irdischen Güter zu gelangen. Zu diesem Ende nun ist die Ehrenmaxime des ganzen weiblichen Geschlechtes, daß dem männlichen jeder uneheliche Verkehr durchaus versagt bleibe, damit jeder einzelne zur Ehe, als welche eine Art von Kapitulation ist, gezwungen und dadurch das ganze weibliche Geschlecht versorgt werde. Dieser Zweck kann aber nur vermittelst strenger Beobachtung der obigen Maxime vollkommen erreicht werden. Daher wacht das ganze weibliche Geschlecht mit wahrem esprit de corps über die Aufrechterhaltung derselben unter allen seinen Mitgliedern. Demgemäß wird jedes Mädchen, welches durch unehelichen Verkehr einen Verrat gegen das ganze weibliche Geschlecht begangen hat, weil dessen Wohlfahrt durch das Allgemeinwerden dieser Handlungsweise untergraben werden würde, von demselben ausgestoßen und mit Schande belegt: es hat seine Ehre verloren, es wird gleich einer Verpesteten gemieden. Das gleiche Schicksal trifft die

Ehebrecherin, weil diese dem Mann die von ihm eingegangene Kapitulation nicht gehalten hat, durch solches Beispiel aber die Männer vom Eingehen derselben abgeschreckt werden, während auf ihr das Heil des ganzen weiblichen Geschlechts beruht. Aber noch überdies verliert die Ehebrecherin wegen der groben Wortbrüchigkeit und des Betruges in ihrer Tat mit der Sexualehre zugleich die bürgerliche. Daher sagt man wohl mit einem entschuldigenden Ausdruck „ein gefallenes Mädchen", aber nicht „eine gefallene Frau".

Über diese Verhältnisse müßte sich jeder klar sein, der ein anständiges Mädchen zu verführen sucht. Die Mädchen selbst müßten aber durch ihren Leichtsinn es den Männern nicht so leicht machen, sich ihren Verpflichtungen zu entziehen, wie dies jetzt leider so häufig der Fall ist. Mein Optimismus ist jedoch nicht so groß, daß ich glauben sollte, theoretische Erwägungen könnten die jetzigen sittlichen Zustände bessern. Ebensowenig ist der Staat imstande, durch Strafen die Sünden gegen das sechste Gebot zu bekämpfen."

Man kann sich drehen und wenden, wie man will; es gibt keine andere Lösung als die, welche auf dem IV. Internationalen Kongreß zum Ausdruck gekommen ist:

„Der Mädchenhandel steht und fällt mit dem Bordell."

Da die übrigen in Madrid gefaßten Beschlüsse, welche in den nächsten Jahren die Arbeit der National-Komiteen beeinflussen werden, für alle Vereine von Wichtigkeit sind, so mögen sie hier an erster Stelle der offiziellen Maßnahmen genannt sein.

Kongreß in Madrid (1910)

Die Beschlüsse haben folgenden Wortlaut:

Erste Frage

Welches ist die beste Definition des Wortes „Mädchenhandel"?

Der Kongreß spricht den Wunsch aus, daß alle National-Komiteen bei Änderung der Gesetzgebung dahin wirken, daß alle Personen als Mädchenhändler bestraft werden, welche eine Frau oder ein Mädchen der Unzucht in gewinnsüchtiger Absicht zuführen.

Zweite Frage

1. Welches ist augenblicklich der Stand der Gesetzgebung gegen den Mädchenhandel in den verschiedenen Ländern?

Der IV. Internationale Kongreß erkennt den großen Fortschritt an, welchen die Gesetzgebung in bezug auf Unterdrückung des Mädchenhandels in den verschiedenen Ländern gemacht hat. Der Kongreß spricht den Wunsch aus, daß alle Verordnungen, welche sich bisher auf minorenne Mädchen bezogen, auch auf die majorennen übertragen werden. Aus diesem Grunde müßte in allen Gesetzen und Bestimmungen das Wort „minorenne Mädchen" durch die Worte „Frau oder Mädchen" ersetzt werden.

2. Gibt es eine Möglichkeit, die Gesetzgebung der verschiedenen Länder über die Auswanderung in Einklang zu bringen?

Der Kongreß spricht den Wunsch aus, daß alle Regierungen, welche die diplomatischen Abmachungen vom 18. Mai 1904 unterzeichnet haben, alle Bestimmungen über Auswanderung, welche auf den Mädchenhandel Bezug haben, möglichst in Einklang bringen.

Dritte Frage

1. Welches sind die Verwaltungsmaßregeln, welche infolge der offiziellen Konferenz von 1902 oder des Kongresses zu Paris 1906 in den verschiedenen Ländern angenommen worden sind?

Der Berichterstatter hat keine Beschlüsse beantragt.

2. Läßt sich zwischen den verschiedenen Regierungen eine Übereinkunft erzielen, daß alle in Ägypten des Mädchenhandels beschuldigten Individuen, unabhängig von ihrer Nationalität, den gemischten Gerichtshöfen unterstellt werden?

Der Kongreß spricht den Wunsch aus, daß in Ägypten die Beurteilung aller des Mädchenhandels beschuldigten Individuen, unabhängig von ihrer Nationalität, den Konsulargerichten entzogen und den bereits bestehenden gemischten Gerichtshöfen übertragen werden möge.

3. Haben die Regierungen mit Rücksicht auf die Unterdrückung des Mädchenhandels in Ägypten Veranlassung, das Ägyptische Komitee materiell zu unterstützen?

Der Kongreß spricht den Wunsch aus, daß die einzelnen Komiteen dem Ägyptischen Komitee Unterstützungen bewilligen und diese dem Internationalen Komitee zu London übersenden mögen.

4. Kann eine internationale Übereinkunft erzielt werden, nach welcher ein junges Mädchen, welches ohne Erlaubnis der Eltern oder des Vormundes in das Ausland verschleppt ist, auf richterliche Anordnung nach Haus gebracht wird, wenn sie dort majorenn, im Inland dagegen minorenn ist? Kann eine derartige Übereinkunft die Bestimmung enthalten, daß die zuständige Polizei auf Antrag des betr. National-Komitees ein solches

majorennes Mädchen, welches zu Haus noch minorenn ist, zurückzuschaffen berechtigt ist? Wie kann diese Übereinkunft erzielt werden?

Der Kongreß bittet die Regierungen, bei ihren internationalen Verhandlungen darauf zu achten, daß, sei es auf Grund des Artikel III § 3 der Beschlüsse vom 18. Mai 1904 zu Paris, sei es auf Grund neuerer Abmachungen, diese Mädchen ohne Rücksicht auf ihr Alter zurückgeschafft werden mögen.

5. Unter welchen Bedingungen dürfen neue Stellenvermittlungsbureaus eingerichtet werden? Nutzen gleichmäßiger Anordnungen.

Der Kongreß spricht den Wunsch aus:

1. a) daß die Zahl der geschäftsmäßigen Stellenvermittlungen nach Möglichkeit eingeschränkt und dafür diese Stellen von wohltätigen und uninteressierten Gesellschaften geleitet werden;

b) daß der Staat sich für Errichtung derartiger nicht geschäftsmäßiger Stellenvermittlungen durch philanthropische Vereine interessiert und sie moralisch und finanziell unterstützen möge;

2. daß ein Minimalalter festgesetzt werden möge, unter dem ein Engagement durch diese Bureaus nicht stattfinden darf, und daß die in den Stellenvermittlungen benutzten Verträge vom Staat genehmigt sein müssen;

3. daß der Staat die strenge Ausführung dieser Bestimmungen überwacht und sich zu dem Zweck mit allen Vereinen, welche den Schutz der jungen Mädchen erstreben, in Verbindung setzt;

4. daß die Organe, welche die Stellenvermittlungen überwachen, gegen jeden Verdacht der Bestechlichkeit gesichert sind;

5. daß die National-Komiteen in den einzelnen Ländern mit der Begründung solcher von ihnen geleiteten Stellenvermittlungen beschäftigen möchten.

Vierte Frage

1. Wie lassen sich am besten National-Komiteen in den Ländern begründen, in denen bisher noch keine bestehen?

Über diese Frage ist ein Beschluß nicht gefaßt.

2. Wie ist am besten eine Mitarbeit der wohltätigen Vereine, wie die Internationale Katholische Vereinigung zum Schutz der jungen Mädchen,

der Abolitionistischen Föderation, der Freundinnen junger Mädchen usw., zur Unterdrückung des Mädchenhandels zu erzielen?

Der Kongreß spricht den Wunsch aus, daß zwischen den National-Komiteen und allen Vereinen, die sich mit dem Schutz junger Mädchen, mit ihrer Rettung und mit dem Kampf gegen die Unsittlichkeit beschäftigen, ein enger Verkehr stattfinden möge. Die National-Komiteen sollen sich hierbei hauptsächlich mit den Händlern (Herkunft, genaue Beschreibung, gesetzliche Maßnahmen gegen sie usw.), die Vereine mit den Opfern derselben (vorbeugende Maßnahmen, Schutz und Rettung usw.) beschäftigen.

Hierbei ist es vorteilhafter, die Hilfe der bereits bestehenden Vereine in Anspruch zu nehmen, als neue zu begründen.

Fünfte Frage

Welche Mittel können die National-Komiteen anwenden, um die zur Ausbreitung ihrer Arbeit notwendigen Mittel durch einen in den Etat eingestellten Posten jährlich zu erhalten?

Der Kongreß spricht den Wunsch aus, daß alle National-Komiteen bei ihren Regierungen geeignete Schritte unternehmen, um für ihre verschiedenen Einrichtungen regelmäßige, im Budget vorgesehene Unterstützungen zu erhalten.

Zu dem Zweck soll versucht werden, daß alle Regierungen, welche die Abmachungen vom 18. Mai 1904 angenommen haben, sich durch einen diesbezüglichen internationalen Beschluß hierzu verpflichten.

Sechste Frage

Welches sind die hauptsächlichsten Quellen des Mädchenhandels?

Über diesen Punkt ist ein Beschluß nicht gefaßt.

Siebente Frage

Auf welche Weise kann eine Übereinstimmung der Gesetzgebung in den verschiedenen Ländern erzielt werden?

Der Kongreß dankt dem Spanischen Komitee für die Zusammenstellung der Gesetze und Verwaltungsmaßregeln, die den Mitgliedern übergeben ist.

Er bittet alle Komiteen das noch fehlende Material sobald als möglich dem Spanischen Komitee zu übersenden.

Ort des V. Internationalen Kongresses.

Der IV. Kongreß beschließt, auf Vorschlag des Englischen Komitees den nächsten Kongreß im Jahre 1913 in London abzuhalten.

Internationale Maßregeln

Die wichtigsten internationalen Beschlüsse zur Bekämpfung des Mädchenhandels wurden im Jahre 1902 von den offiziellen Delegierten in Paris gefaßt. Über diese wurden zwei Protokolle veröffentlicht, von denen das administrative 1904 ratifiziert werden ist und folgenden Wortlaut hat:

Artikel 1.

Wer eine minderjährige Frau oder Mädchen zur Befriedigung der Leidenschaften anderer, selbst wenn die Betreffende einwilligt, zur Unzucht angeworben, verschleppt oder entführt hat, wird bestraft, auch wenn die einzelnen Handlungen, welche den Tatbestand ausmachen, in verschiedenen Ländern begangen werden sind.

Artikel 2.

Wer eine volljährige Frau oder Mädchen zur Befriedigung der Leidenschaften anderer, selbst wenn die Betreffende einwilligt, durch Betrug, Gewalt, Drohung, Mißbrauch der Autorität oder irgendein anderes Zwangsmittel angeworben, verschleppt oder entführt hat, wird bestraft, auch wenn die einzelnen Handlungen, welche den Tatbestand ausmachen, in verschiedenen Ländern begangen werden sind.

Artikel 3.

Die hohen kontrahierenden Staaten, deren Gesetzgebungen zurzeit nicht genügen, um die in den beiden vorhergehenden Artikeln vorgesehenen, strafbaren Handlungen zu bestrafen, verpflichten sich, die nötigen Maßnahmen zu ergreifen oder ihren resp. gesetzgebenden Körperschaften vorzuschlagen, damit diese strafbaren Handlungen ihrer Schwere gemäß geahndet werden.

Artikel 4.

Die hohen kontrahierenden Staaten werden einander Kenntnis geben von den auf die gegenwärtige Übereinkunft bezüglichen schon bestehenden oder noch zu erlassenden Gesetzen ihrer Staaten.

Artikel 5.

Die in Artikel 1 und 2 vorgesehenen Strafhandlungen sollen, sobald die vorliegende Konvention in Kraft tritt, ohne weiteres denjenigen Vergehen zugezählt werden, welche nach den zwischen den hohen kontrahierenden Staaten bereits bestehenden Verträgen die Auslieferung bedingen. Falls die vorstehende Bestimmung ohne eine Änderung der bestehenden Gesetzgebung nicht zu verwirklichen ist, verpflichten sich die hohen

Kontrahenten, die nötigen Maßnahmen zu ergreifen oder den resp. gesetzgebenden Körperschaften ihres Landes vorzuschlagen.

Artikel 6.

Die Übermittelung von Gesuchen um Vollziehung richterlicher Maßnahmen, welche sich auf die von der Konvention ins Auge gefaßten Strafhandlungen beziehen, erfolgt — vorbehaltlich einer gegenteiligen Übereinkunft — durch direkte Verbindung zwischen den gerichtlichen Behörden oder durch Vermittelung der in dem ersuchten Lande stationierten diplomatischen Agenten oder Konsuln des ansuchenden Landes. Im letzteren Falle übersendet der diplomatische Agent oder Konsul den betreffenden Antrag direkt der zuständigen Gerichtsbehörde und erhält auf demselben Wege die den Vollzug der richterlichen Maßnahmen konstatierende Urkunde.

Eine Abschrift des betreffenden Gesuches wird jedesmal gleichzeitig der Oberbehörde des ersuchten Staates übersandt.

Etwaige Schwierigkeiten, welche sich seitens der ersuchten Behörde betreffend Vollziehung der richterlichen Maßnahmen ergeben, werden auf diplomatischem Wege geregelt.

Wenn der Antrag nicht in der Sprache der ersuchten Behörde gestellt ist, muß ihm — vorbehaltlich einer gegenteiligen Abmachung — eine entsprechend beglaubigte Übersetzung in der zwischen den interessierten Staaten vereinbarten Sprache beigefügt werden.

Artikel 7.

Die hohen kontrahierenden Staaten verpflichten sich zu gegenseitiger Mitteilung über Verurteilungen, welche sich auf die von der vorstehenden Konvention ins Auge gefaßten Verbrechen beziehen, und deren Tatbestand sich auf verschiedene Länder erstreckt.

Artikel 8.

Der Beitritt zu vorstehendem Übereinkommen steht auch denjenigen Staaten, welche dasselbe nicht vollzogen haben, frei. Der Eintritt erfolgt durch Verständigung der französischen Regierung auf diplomatischem Wege, welche ihrerseits allen kontrahierenden Staaten Kenntnis davon gibt.

Artikel 9.

Die vorstehende Übereinkunft tritt sechs Monate nach dem Austausch der Bestätigungsurkunde in Kraft. Falls einer der Kontrahenten zurücktritt, erstreckt sich dieser Rücktritt nur auf den betreffenden Teil und tritt erst ein Jahr nach erfolgter Kündigung in Kraft.

Artikel 10.

Vorstehende Übereinkunft wird bestätigt; die Bestätigungsurkunden werden möglichst bald in Paris ausgewechselt

Leider ist diese Auswechselung bisher noch nicht erfolgt. Die im April 1910 in Paris abgehaltene Konferenz hat hoffentlich dahin geführt, daß alle event. vorhandenen Schwierigkeiten beseitigt sind und die Rechtsgültigkeit dieser Vorschläge recht bald eintritt.

In dem Entwurf für das neue Strafgesetzbuch finden diese Vorschläge Berücksichtigung und werden hoffentlich seinerzeit vom Reichstag angenommen werden. Das zweite Problem, welches die im Jahre 1902 vorgeschlagenen Verwaltungsmaßregeln enthält, ist am 18. Mai 1904 in Paris ratifiziert, und deshalb sind seine Bestimmungen in allen kontrahierenden Staaten bereits eingeführt. Ihr Inhalt ist folgender:

Artikel 1.

Jede der vertragschließenden Regierungen verpflichtet sich, eine Behörde zu errichten oder zu bestellen, der es obliegt, alle Nachrichten über Anwerbung von Frauen und Mädchen zu Zwecken der Unzucht im Auslande an einer Stelle zu sammeln; diese Behörde soll das Recht haben, mit der in jedem der anderen vertragschließenden Staaten errichteten gleichartigen Verwaltung unmittelbar zu verkehren.

Artikel 2.

Jede der Regierungen verpflichtet sich, Überwachung ausüben zu lassen, um, insbesondere auf den Bahnhöfen, in den Einschiffungshäfen und während der Fahrt, die Begleiter von Frauen und Mädchen, welche der Unzucht zugeführt werden sollen, ausfindig zu machen. Zu diesem Zweck sollen an die Beamten oder alle sonst dazu berufenen Personen Weisungen erlassen werden, um innerhalb der gesetzlichen Grenzen alle Nachrichten zu beschaffen, die geeignet sind, auf die Spur eines verbrecherischen Geschäftstreibens zu führen.

Die Ankunft von Personen, welche offenbar Veranstalter, Gehilfen oder Opfer eines solchen Geschäftstreibens zu sein scheinen, soll gegebenenfalls den Behörden des Bestimmungsortes, den beteiligten diplomatischen oder konsularischen Agenten oder jeder sonst zuständigen Behörde gemeldet werden.

Artikel 3.

Die Regierungen verpflichten sich, gegebenenfalls innerhalb der gesetzlichen Grenzen die Aussagen der Frauen und Mädchen fremder Staatsangehörigkeit, die sich der Unzucht hingeben, aufnehmen zu lassen, um ihre Identität und ihren Personenstand festzustellen und zu ermitteln, wer sie zum Verlassen ihrer Heimat bestimmt hat. Die eingezogenen Nachrichten sollen den Behörden des Heimatlandes der besagten Frauen und Mädchen behufs ihrer etwaigen Heimschaffung mitgeteilt werden.

Die Regierungen verpflichten sich, innerhalb der gesetzlichen Grenzen und, soweit es geschehen kann, die Opfer eines verbrecherischen Geschäftstreibens, wenn sie von Mitteln entblößt sind, öffentlichen oder privaten Unterstützungsanstalten oder Privatpersonen, welche die erforderlichen Sicherheiten bieten, im Hinblick auf etwaige Heimschaffung vorläufig anzuvertrauen.

Die Regierungen verpflichten sich auch, innerhalb der gesetzlichen Grenzen nach Möglichkeit diejenigen unter diesen Frauen und Mädchen nach ihrem Heimatlande zurückzusenden, welche ihre Heimschaffung nachsuchen, oder welche von Personen, unter deren Gewalt sie stehen, beansprucht werden sollten. Die Heimschaffung soll erst ausgeführt werden nach Verständigung über Identität und Staatsangehörigkeit, sowie über den Ort und den Zeitpunkt der Ankunft an den Grenzen. Jedes der vertragschließenden Länder soll den Durchgang durch sein Gebiet erleichtern.

Der Schriftwechsel über die Heimschaffungen soll, soviel als möglich, auf unmittelbarem Wege erfolgen.

Artikel 4.

Falls die heimzuschaffende Frauensperson (Frau oder Mädchen) die Kosten ihrer Beförderung nicht selbst zurückerstatten kann und weder Ehemann, Eltern noch Vormund hat, die für sie zahlen würden, sollen die Kosten der Heimschaffung dem Lande, auf dessen Gebiet sie sich aufhält, bis zu der Grenze oder dem Einschiffungshafen, die in der Richtung nach dem Heimatlande die nächsten sind, zur Last fallen und im übrigen das Heimatland belasten.

Artikel 5.

Durch die Bestimmungen der obigen Artikel 3 und 4 werden besondere Vereinbarungen nicht berührt, die etwa zwischen den vertragschließenden Regierungen bestehen möchten.

Artikel 6.

Die vertragschließenden Regierungen verpflichten sich, innerhalb der gesetzlichen Grenzen nach Möglichkeit eine Überwachung der Bureaus und Agenturen auszuüben, die sich damit befassen, Frauen und Mädchen Stellen im Ausland zu vermitteln.

Artikel 7.

Den Staaten, die das gegenwärtige Abkommen nicht unterzeichnet haben, soll der Beitritt freistehen. Zu diesem Zweck haben sie ihre Absicht auf diplomatischem Wege der französischen Regierung anzuzeigen, die hiervon allen vertragschließenden Staaten Kenntnis geben wird.

Artikel 8.

Das gegenwärtige Abkommen soll sechs Monate nach dem Tage des Austausches der Ratifikationsurkunden in Kraft treten. Falls einer der vertragschließenden Teile es kündigen sollte, würde die Kündigung nur in Ansehung dieses Teils wirksam werden, und zwar erst zwölf Monate nach dem Tage der besagten Kündigung.

Artikel 9.

Das gegenwärtige Abkommen soll ratifiziert und die Ratifikationsurkunden sollen in möglichst kurzer Frist in Paris ausgetauscht werden.

Man sieht hieraus, daß die Regierungen, sobald sie sich von den Gefahren des Mädchenhandels überzeugt hatten, sehr energisch vorgingen und alles taten, um diesen Handel zu unterbinden. Die wichtigste Einrichtung, welche durch die Pariser Konferenz geschaffen wurde, waren die Zentralpolizeistellen, die in allen Ländern eingerichtet wurden.

Polizeiliche Maßregeln

Eine solche wurde am 1. 8. 1903 für Preußen begründet und am 1. 5. 1904 auf ganz Deutschland ausgedehnt. Sie befindet sich in Berlin und ist der IV. Abteilung des Polizeipräsidiums unterstellt.

Der Grund, weshalb die Zentralpolizeistelle gerade dem Berliner Polizeipräsidium unterstellt wurde, beruht auf praktischen Erwägungen. Man wollte der Zentralstelle die hier bestehenden Einrichtungen (Verbrecheralbum, Erkennungsdienst, Einwohnermeldeamt usw.) zugänglich machen. An der Spitze der Zentralstelle steht ein Kriminalkommissar als Vorsteher, dem ein zweiter Kommissar zu seiner Unterstützung und Vertretung beigegeben ist. Unter diesen arbeiten 1 Wachtmeister und 15 Kriminalschutzleute. Die Kontrolle der

Stellenvermittler, Überwachung der Bahnhöfe und vor allem die Revision verdächtiger Quartiere ist ihre Hauptaufgabe.

An diese Zentralpolizeistelle gehen alle Anzeigen über Mädchenhandel oder Verdacht des Mädchenhandels. Sie besitzt deshalb die besten und ausführlichsten Listen der Mädchenhändler. Leider erschwert der häufige Namenswechsel der Händler genauere Feststellungen.

Der größte Vorteil dieser Zentralpolizeistelle ist der direkte Verkehr mit den Zentralpolizeistellen der übrigen Länder. Da die National-Komiteen einen eigenen internationalen Code herausgegeben haben, ist der telegraphische Verkehr wesentlich verbilligt, und da die Recherchen jetzt von der Genehmigung der Konsulate und Gerichte unabhängig gemacht werden sind, ist es möglich, die Mädchenhändler rechtzeitig zu verhaften und unschädlich zu machen. Hieraus hat man den Schluß gezogen, daß der Mädchenhandel in den letzten Jahren zugenommen hat. Dies ist ein Trugschluß. Die Bestrafung dieser Leute hat in der Tat zugenommen, aber nicht, weil ihre Zahl zugenommen hat, sondern, weil sie häufiger verhaftet werden. Dieser Erfolg ist durch das Zusammenwirken von Zentralpolizeistelle und National-Komitee erzielt, und wir können nur wünschen, daß dieser Kampf gegen die Händler eine immer größere Ausdehnung gewinnen möge. Lediglich durch die Behörde ist es möglich, die Mädchenhändler rechtzeitig zu ergreifen. Durch die Enthüllungen des Mr. Coote hatte sich im Jahre 1899 das Deutsche National-Komitee gebildet und in kurzer Zeit eine große Zahl von Fürsorge-, Sittlichkeits- und Frauenvereinen zu einer Gruppe vereinigt, welche den Zweck verfolgte, den Kampf gegen den Mädchenhandel zu führen.

Leider besitzt das National-Komitee keine Exekutivbeamten. Wenn also etwas gegen die Mädchenhändler unternommen werden soll, ist das Komitee stets auf die Hilfe und Unterstützung der Zentralpolizeistelle angewiesen. Dafür muß die Polizei, wenn sie gefährdete Mädchen in einem Asyl unterbringen will, sich wieder des National-Komitees bedienen. Dieses Zusammenwirken hat es bewirkt, daß in keinem Lande der Kampf mit größerem Erfolge geführt worden ist, als gerade in Deutschland.

Während die administrativen Vorschläge in allen vertragschließenden Ländern schon im Jahre 1904 angenommen und ausgeführt wurden, sind die legislativen Maßregeln bisher in ganz wenigen Ländern zur Ausführung gelangt.

Gesetzliche Maßregeln

In Richterkreisen herrschte zunächst ziemlich allgemein die Ansicht, Mädchenhandel sei lediglich eine spezielle Form der Kuppelei, und eine Änderung der deutschen Gesetzgebung sei wegen dieses Handels nicht nötig.

Daß die Definition der Kuppelei auch auf den Mädchenhändler Anwendung findet, ist zweifellos; auch der Mädchenhändler leistet durch seine Vermittlung gewohnheitsmäßig und aus Eigennutz der Unzucht Vorschub. Trotzdem besteht zwischen Mädchenhandel und Kuppelei ein ganz wesentlicher Unterschied, der hauptsächlich durch das Wort „verschleppen" charakterisiert wird. Hierdurch wird die Eigentümlichkeit des Mädchenhandels, nämlich die Internationalität, veranlaßt. Diese beiden Begriffe spielen bei der gewöhnlichen Kuppelei selten eine Rolle, sind aber bei dem Mädchenhandel das entscheidende Moment. Aus diesem Grunde ist es notwendig, den Mädchenhandel als besonderes Verbrechen zu betrachten und für ihn strengere Strafen in Aussicht zu nehmen als für die Kuppelei.

Immerhin müssen wir es schon dankbar anerkennen, daß wenigstens durch den Kampf gegen die Kuppelei die schlimmsten Auswüchse der geschlechtlichen Ausschweifungen beseitigt werden. Viele Menschen würden teils aus Bequemlichkeit, teils aus Besorgnis, sich zu kompromittieren, gar nicht dazu kommen, zweifelhafte Bekanntschaften zu machen; durch die Gefälligkeit von solchen Personen, die ohne Arbeit möglichst viel Geld zu verdienen suchen, werden ihnen bequeme Angebote gemacht, die allerdings teuer bezahlt werden müssen. Die Kuppelei wird deshalb in den meisten Ländern bestraft. Sie ist aber im Vergleich zum Mädchenhandel ein leichtes Vergehen. Dieser degradiert den Menschen zum Tier, das auf dem Viehmarkt verkauft wird. Ein derartiges Vergehen, welches in den Strafgesetzbüchern nicht vorgesehen war, mußte endlich in allen Ländern dazu führen, strenge Maßregeln gegen diese Händler zu ergreifen.

Der neue Strafgesetzentwurf

Im Deutschen Reich steht die Revision des Strafgesetzbuches bevor. Eine Kommission, die schon seit Jahren mit der Vorarbeit hierzu beschäftigt ist, hat im Anfang des Jahres den Wortlaut der Paragraphen veröffentlicht, welche dem Reichstag vorgeschlagen werden sollen. Auch in diesem Vorschlag ist das Wort „Mädchenhandel" nicht erwähnt, dagegen enthält der neue § 253, welcher die schwere Kuppelei und den Mädchenhandel zusammenfaßt, genaue Strafabmessungen gegen den Mädchenhandel: „Wer 1. ein Gewerbe daraus macht, Frauenspersonen der Unzucht zuzuführen; 2. zur Begehung der Kuppelei hinterlistige Kunstgriffe anwendet, wird mit Zuchthaus bis zu fünf Jahren, bei mildernden Umständen mit Gefängnis nicht unter sechs Monaten bestraft."

In der diesem Entwurf beigegebenen Begründung ist aber das Wort „Frauenhandel" gebraucht und eine Definition gegeben, die sich ungefähr mit der unserigen deckt. Der Wortlaut ist folgender: Hier ist in No. 1 eine Strafbestimmung gegen den sogenannten Frauenhandel vorgeschlagen.

Damit soll eine allseits empfundene Lücke des geltenden Rechts ausgefüllt werden. Die Frauenhäuser fördern die Unzucht nicht durch das Bereitstellen von Dirnen oder von Frauen unmittelbar zur Unzucht, sondern in der Regel durch das Anwerben und Verhandeln von Frauen zu Prostitutions- und namentlich zu Bordellzwecken. Dieses Anwerben und Verhandeln geschieht, da im Inland Bordelle gesetzlich nicht geduldet werden, meist nach dem Ausland. Zu der erforderlichen strafrechtlichen Repression gegen den Frauen- oder Mädchenhandel reichen die bisher bestehenden Strafvorschriften nicht vollständig zu. Die Überführung von Frauenspersonen in ein Bordell konnte zwar in der Regel aus § 180 bestraft werden. Allein diese Bestrafung war bei der verhältnismäßig milden Strafdrohung dieses Paragraphen gegenüber dem hier ausnahmslos vorliegenden gewerbsmäßigen Treiben viel zu gelinde. Außerdem aber war der Versuch straflos; es konnten also diejenigen Fälle nicht getroffen werden, in denen ein vollendetes Vorschubleisten durch Gewährung oder Verschaffung von Gelegenheit oder durch Vermittlung noch nicht vorlag. Dies traf aber auf die im Inland vorgenommenen „Anwerbungsakte" oft zu. Hierin ist dieser Übelstand durch den Entwurf insofern gemildert, als er die bestimmten Mittel der Kuppelei bereits gestrichen und damit die Strafbarkeit hinsichtlich der Verführungshandlungen erweitert hat. Dies genügt jedoch nicht dem Bedürfnis, zumal die Milde der Bestrafung dadurch nicht beseitigt ist. Ferner konnte der Mädchenhandel auch unter § 181 No. 1 fallen, nämlich, wenn er mittels hinterlistiger Kunstgriffe begangen war: dieser Beweis gelang jedoch selten. Endlich stand noch die Sonderbestimmung im § 48 des Auswanderungsgesetzes vom 9. Juni 1897 zur Verfügung, welche denjenigen mit Zuchthaus zu fünf Jahren bedroht, der eine Frauensperson zu dem Zweck, sie der gewerbsmäßigen Unzucht zuzuführen, mittels arglistiger Verschweigung dieses Zweckes zur Auswanderung verleitet. Allein auch diese, an sich genügend schwere Strafbestimmung, hat sich als nicht zureichend erwiesen, da sie auf die Fälle, in denen der verfolgte Zweck entweder überhaupt nicht oder nicht „arglistig" verschwiegen worden ist, sowie auf die immerhin vorkommenden Fälle der Versorgung inländischer Bordelle aus In- und Ausland keine Anwendung finden kann. Auch die sonstigen etwa einschlägigen Strafvorschriften über Menschenraub, Kindesraub oder Entführung treffen in den seltensten Fällen zu.

Dem Mädchenhändler ist zudem in vielen Fällen eine unmittelbare Förderung fremder Unzucht nicht nachweisbar. Auch ist das Treiben der Frauenhändler so vielgestaltig, daß, um dieses gemeingefährliche Verbrechen sicher zu treffen, eine besondere Strafbestimmung hiergegen notwendig ist, die möglichst weitgehend die gefährlichen Arten des Frauenhandels umfaßt.

Daher will der § 253 in No. 1 denjenigen strafen, der ein Gewerbe daraus macht, Frauenspersonen der Unzucht zuzuführen. Die Einschränkung auf gewerbsmäßiges Handeln war geboten, um die Strafbarkeit auf die eigentlichen Mädchenhändler zu beschränken und nicht auch harmlosere Fälle zu treffen, wie z. B., wenn eine Prostituierte ihre Freundin verleitet, sich demselben Gewerbe zuzuwenden.

Durch das Erfordernis der Gewerbsmäßigkeit wird zwar der Schuldbeweis erschwert, jedoch in den Fällen, die hier allein getroffen werden sollen, doch wohl nicht in zu weitgehendem Maße. Denn gerade das Treiben der Mädchenhändler ist für die Gewerbsmäßigkeit ihres Handelns so charakteristisch, daß meist schon aus einem einzelnen festgestellten Falle ein sicherer Schluß zu ziehen sein wird.

Andererseits ermöglicht die Fassung: „wer ein Gewerbe daraus macht", auch das Anwerben für das eigene Bordell in Betracht zu ziehen. Soweit die angeführten sonstigen Strafbestimmungen sich mit dieser neuen Strafbestimmung nicht decken, bleiben sie in Kraft. Dies gilt insbesondere für die Fälle der Nichtgewerbsmäßigkeit auch in bezug auf § 48 des Auswanderungsgesetzes.

Der Paragraph macht keinen Unterschied zwischen bescholtenen und unbescholtenen Frauenspersonen, was dem inneren Grunde der Strafbarkeit entsprechen dürfte. Die Handlung selbst wird sich in der Regel als Anwerben und Verhandeln von Frauenspersonen zur Unzucht darstellen. Allein daneben können auch solche Handlungen vorkommen, die nicht ein förmliches Anwerben oder Verhandeln bilden. Deshalb ist der weitere Ausdruck „zuführen" gewählt. Eine Beschränkung auf das Zuführen zur gewerbsmäßigen Unzucht ist nicht erfolgt. Sie würde zu weit gehen und Fälle außer Betracht lassen, bei denen ebenfalls mit Rücksicht auf die Gemeingefährlichkeit des Mädchenhandels das strafrechtliche Einschreiten angezeigt ist.

Wenn man diese Begründung mit der von uns in der Einleitung wiedergegebenen Auffassung der kriminalistischen Kreise vergleicht, wird man über den Unterschied erstaunt sein. Erstere war entstanden durch die Erfahrungen, die in der gerichtlichen Praxis gemacht waren, letztere ist veranlaßt durch die Berichte, welche das Deutsche National-Komitee über seine nationalen Konferenzen und Kongresse veröffentlicht hat.

Zu der vorstehenden Fassung des neuen Strafgesetzentwurfes ist folgende Kritik des Rechtsanwalts Dr. Alsberg von Interesse:

„Ein Sonderdelikt des Frauenhandels kennt unser geltendes Recht nicht. Ein Teil der in Betracht kommenden Tatbestände läßt sich unter dem Gesichtspunkt der Kuppelei, insbesondere der Kuppelei mittels hinterlistiger Kunstgriffe, vor allem aber auf Grund des § 48 des Auswanderungsgesetzes vom 9. Juni 1897, bestrafen, welcher für denjenigen Zuchthausstrafe bis zu fünf Jahren androht, der eine Frauensperson zu dem Zweck, sie der gewerbsmäßigen Unzucht zuzuführen, mittels arglistiger Verschweigung dieses Zweckes zur Auswanderung verleitet. Daneben läßt sich vereinzelt der Tatbestand der Entführung und des Kinderraubes, schließlich auch der Tatbestand des Menschenraubes zur Anwendung bringen.

Die Merkmale der Zuführung nach einem Auslandsstaat und der arglistigen Verschweigung des Zwecks der Verleitung zur Auswanderung sind für das Wesen des Frauenhandels typisch. Es ist interessant, zu sehen, daß der Vorentwurf zum schweizerischen Strafgesetzbuch in seinem § 134 als das entscheidende Moment des Frauenhandels einen der arglistigen Verschweigung zum mindesten nahe verwandten Begriff ansieht, nämlich das Handeln gegen den Willen der Frauensperson, und daß der Vorentwurf zu einem österreichischen Strafgesetzbuch in seinem § 280 als das wesentlichste Merkmal des Frauenhandels die Überführung nach einem anderen Staat als den Heimatsstaat betrachtet.

Keins dieser Tatbestandsmerkmale begegnet uns in dem § 253 unseres Vorentwurfs. Der § 253 betrachtet als Frauenhändler schlechthin denjenigen, der ein Gewerbe daraus macht, Frauenspersonen der Unzucht zuzuführen. Als ein dem österreichischen und schweizerischen Vorentwurf unbekanntes Merkmal führt er das der Gewerbsmäßigkeit ein.

Der Tatbestand des § 253 ist ein ungemein weit umgrenzter. Er trifft in gleicher Weise denjenigen, der eine großjährige Prostituierte im Inland für das eigene Bordell anwirbt, wie denjenigen, der eine unbescholtene, minderjährige Frauensperson mittels Arglist in ein im Ausland gelegenes Bordell überführt. Gewiß braucht der erstgenannte Täter nach dem vorgeschlagenen § 253 nicht so schwer bestraft zu werden, wie der letztgenannte Täter. Der Strafrahmen bewegt sich zwischen sechs Monat Gefängnis und fünf Jahren Zuchthaus. Aber selbst, wenn man annimmt, daß der erstgenannte Täter unter Zubilligung mildernder Umstände mit Gefängnis nicht unter sechs Monate bestraft wird, was jedenfalls durchaus nicht sicher ist, wenn er sich im Rückfall befindet, so widerstrebt es doch, derartig heterogene Vorgänge unter demselben juristischen Tatbestand zu subsumieren.

Es dürfte sich daher zum mindesten empfehlen, zunächst einen einfachen Begriff des Frauenhandels zu bilden und diesem Begriff qualifizierte Tatbestände anzureihen, in die die Merkmale der Auslandsüberführung, der Minderjährigkeit, der Unbescholtenheit, der Arglist usw. aufzunehmen wären.

Nicht unbedenklich erscheint es aber auch, das entscheidende Merkmal in der Gewerbsmäßigkeit zu finden. Gewiß hat die Begründung darin recht, daß es durch die Beschränkung des Tatbestandes auf gewerbsmäßiges Handeln ausgeschlossen ist, manche harmlose Fälle zu treffen, wie z. B. den von der Begründung erwähnten Fall, daß eine Prostituierte ihre Freundin verleitet, sich demselben Gewerbe zuzuwenden. Aber nach dem vorgeschlagenen § 253 wird auch derjenige als Mädchenhändler anzusehen sein, der gegen Entlohnung einem Bordellwirt Prostituierte zuführt, deren eigenes Streben darauf gerichtet ist, in einem Bordell Unterkunft zu finden. Ob ein solcher Fall aber weniger harmlos ist, wie der von der Begründung hervorgehobene, wird wohl mit Recht in Zweifel gezogen werden dürfen. Auf der anderen Seite ist auch zu beachten, daß das Tatbestandsmerkmal der Gewerbsmäßigkeit häufig sehr schwer nachweisbar ist, und daß sich Fälle denken lassen, in denen eine Gewerbsmäßigkeit zweifellos nicht vorhanden ist, ein Strafbedürfnis sich aber trotzdem in hohem Maße geltend macht. Wer in einem Einzelfall, ohne die Absicht, ein gleiches bei anderer sich ihm bietender Gelegenheit zu tun, ein Mädchen verschleppt, um sie der gewerbsmäßigen Unzucht zuzuführen, handelt nicht gewerbsmäßig; er kann daher auf Grund des vorgeschlagenen § 253 noch nicht zur Verantwortung gezogen werden.

Nach dem vorgeschlagenen § 253 kann auch der Versuch des Frauenhandels bestraft werden. Bloße Vorbereitungshandlungen sind aber unter dem Tatbestand des § 253 nicht zu fassen. Wer sich also mit einem anderen verbindet, um Frauenhandel zu treiben, kann auf Grund des § 253 weder wegen vollendeten, noch wegen versuchten Frauenhandels zur Verantwortung gezogen werden. Der österreichische Vorentwurf hat in seinem § 281 ein Sonderdelikt ausgebildet, das derartige Vorbereitungshandlungen unter Strafe stellt.

Der vorgeschlagene § 253 wird jedenfalls, ehe er Gesetz wird, einer sorgfältigen Revision und Neuredaktion unterzogen werden müssen."

Auch aus dieser Kritik geht wieder die Schwierigkeit der Aufgabe hervor. Haben nicht vor 50 Jahren bei Beseitigung des schwarzen Sklavenhandels ähnliche Zustände bestanden? Haben nicht auch damals viele sehr kluge Leute erklärt, daß die Beseitigung desselben unmöglich sei? Trotzdem ist es gelungen. Ebenso wird auch der Handel mit weißen Geschlechtssklavinnen verschwinden, sobald der Kampf allgemein aufgenommen wird. Das National-Komitee allein kann diesen Erfolg nicht erreichen. Hier gilt es wie überall: „Vereinte Kräfte führen zum Ziel". Deshalb wiederhole ich an alle jungen Mädchen die Bitte: daß sie, wenn sie Stellungen im Ausland annehmen, dieses nur dann tun, wenn sie in irgendeiner Weise zuverlässige Erkundigungen eingezogen haben; an alle Eltern, daß sie ihre Töchter nicht abreisen lassen, ohne sie zu diesen Erkundigungen gezwungen zu haben; an alle Behörden, daß sie die gegen die öffentlichen Häuser gegebenen Bestimmungen und Gesetze auch befolgen, und an die gesamte Presse die Bitte, daß sie uns auch in Zukunft in derselben Weise unterstützen mögen wie bisher und die in diesen Zeilen niedergelegten Ansichten nicht völlig totschweige.

Die Tätigkeit der National-Komiteen

Durch die Agitation des Herrn Coote waren in den größeren zivilisierten Staaten National-Komiteen entstanden, welche es sich zur Aufgabe gemacht hatten, den Mädchenhandel aus der Welt zu schaffen.

Im allgemeinen bestanden diese National-Komiteen aus hervorragenden Persönlichkeiten, aus den Vorsitzenden der Sittlichkeits- und Frauenvereine, aus Vertretern der verschiedenen Ministerien und Behörden. In den Versammlungen wurden dann die Mittel und Wege beraten, welche in Vorschlag gebracht werden sollten, um den Mädchenhandel aus der Welt zu schaffen.

Die Regierungsvertreter gaben sofort an, in welcher Weise diesen Wünschen Genüge geleistet und wie die Arbeit am besten in die Wege geleitet werden könne. Diese interne Arbeit mußte aber an die Öffentlichkeit gebracht werden, um das Publikum und vor allem die vielen Vereine, welche sich für die Frage interessierten, auf dem laufenden zu erhalten. Zu dem Zweck fanden jährlich nationale Konferenzen statt, und zwar stets in verschiedenen Teilen Deutschlands, auf denen die Beschlüsse für die gemeinsame Weiterarbeit gefaßt wurden. Diese Beschlüsse bildeten dann gewissermaßen das Programm für die internationalen Kongresse, die alle drei bis vier Jahr, ebenfalls nach Ländern wechselnd, einberufen wurden. Durch diese systematische Zusammenarbeit ist es erreicht, daß die von den Komiteen veröffentlichten Beschlüsse gewissermaßen als öffentliche Meinung gelten, auf welche gestützt, die staatlichen Behörden und die gesetzgebenden Kammern die Gesetze geben, durch welche ein Verbrechen aus der Welt geschafft werden kann, welches durch die Gewohnheit so tief eingenistet ist, daß auch noch heute viele Menschen diese Aufgabe für nicht lösbar halten. Wenn man aber die zehnjährige Arbeit und Entwicklung der National-Komiteen überblickt, so kann man sich doch der Hoffnung hingehen, daß wir das gesteckte Ziel erreichen werden.

Auf dem ersten Kongreß 1899 in London wurde die Prostitutionsfrage offiziell ausgeschaltet, weil sie die Internationalität gefährdete, und im Jahre 1910 auf dem Vierten Internationalen Kongreß in Madrid wurde einstimmig der Beschluß angenommen, die National-Komitees aller Länder sollten intensiv an der Beseitigung der öffentlichen Häuser arbeiten.

Welche Widerstände zu brechen waren, um einen derartigen Beschluß herbeizuführen, kann nur der beurteilen, der die Arbeiten mitgemacht hat. Noch im Jahre 1904 erklärte der italienische Delegierte in einer öffentlichen Versammlung zu Zürich: „Ich würde meiner Frau und meiner Tochter niemals erlauben, in eine Stadt zu reisen, von der mir bekannt ist, daß sich dort keine öffentlichen Häuser befinden.“ Man glaubte also in der Tat, daß die öffentlichen Häuser für die anständigen Frauen und Mädchen eine Art Sicherheitsventil bildeten und deshalb von der Sicherheitspolizei beschützt werden müßten.

Die Arbeit der verschiedenen Komiteen ist allerdings sehr verschieden. Einige beschränken sich darauf, einzelne gefährdete Mädchen zu schützen und zu befreien, andere dagegen, zu denen glücklicherweise auch das Deutsche gehört, legen neben der vorbeugenden und rettenden Tätigkeit im einzelnen den Schwerpunkt darauf, die öffentliche Meinung zu beeinflussen und hierdurch eine gerechte und praktische Gesetzgebung und Verwaltung zu erzielen.

Hierbei sind wir vom ersten Tage an von der Presse in der wirksamsten und energischsten Weise unterstützt worden. Niemals sind uns von irgendwelcher Seite Schwierigkeiten bereitet. Die Politik hat glücklicherweise mit unserer Arbeit nichts zu tun. Sie ist eine rein humanitäre, und die Erfolge, welche die Nationalkomiteen erzielen, kommen der Allgemeinheit auf sozialem und sittlichem Gebiet zugute. Die Schwierigkeit der Arbeit liegt in dem Überwinden des Widerstandes der oberen Zehntausend und der städtischen Behörden, die ganz im Gegensatz zu den staatlichen Behörden der Prostitution einen Schutz gewähren, den sie nicht verdient. Auf welche Weise es zu erreichen ist, daß der von der Prostitution angerichtete Schaden möglichst gering ist, darüber gehen die Ansichten sehr weit auseinander. Wir können uns deshalb auch heute noch nicht mit der ganzen Prostitutionsfrage beschäftigen, sondern nur so weit, wie der Mädchenhandel mit ihr zusammenhängt.

Die Aufgaben der Vereine, welche den Mädchenhandel aus der Welt schaffen wollen, sind die folgenden: 1. Bekämpfung des Mädchenhandels durch Bekämpfung seiner sozialen Ursachen; 2. Schutz der volljährigen und minderjährigen weiblichen Personen gegen die Gefahren des Mädchenhandels; 3. Sorge für Unterbringung und weiteres Fortkommen der Geretteten; 4. Auskunftserteilung an alle im Interesse Gefährdeter um Rat und Information bittenden Personen; 5. Verfolgung der Mädchenhändler; 6. Bekämpfung der dem Mädchenhandel dienenden Agenturen und solcher

Einrichtungen, die den Mädchenhandel begünstigen und veranlassen; 7. Überwachung der in- und ausländischen Presse; 8. Aufklärung der öffentlichen Meinung durch die Presse und durch Vorträge; 9. Zusammenwirken mit deutschen Vereinen, deren Arbeit sich mit der Bekämpfung des Mädchenhandels berührt; 10. Verständigung und Zusammenwirken mit gleichartigen Organisationen des Auslandes.

Von diesen Aufgaben werden die meisten durch die laufenden Arbeiten des Deutschen National-Komitees gelöst. Die beiden schwierigsten sind: die Bekämpfung der sozialen Ursachen und die Unterbringung der geretteten Mädchen. In der Regel wollen die Angehörigen von den Mädchen nichts mehr wissen. Sie sollen ihr Brot selbst verdienen. Da sie aber infolge ihres Aufenthaltes in den öffentlichen Häusern Papiere und Zeugnisse nicht besitzen, so findet sich sehr selten eine Familie, die ein derartiges Mädchen aufnimmt. Wohin soll sie gehen? Die drei Stellungen, die stets offenstehen: Kellnerinnen, Aufwartemädchen im Hotel und Fabrikarbeiterinnen sind für ein Mädchen, das an Arbeit nicht gewöhnt ist, zu schwer und auch zu gefährlich. Eigene Heime für sie einzurichten ist zu teuer, auch würden diese wegen der geringen Zahl der Mädchen kaum ausgenutzt werden können. Die vorhandenen Zufluchtshäuser nehmen sie mit Rücksicht auf die übrigen Bewohnerinnen nicht auf. Es ist also fast unmöglich, für diese Mädchen zu sorgen. Das sicherste Mittel ist, zu verhindern, daß die Mädchen in derartige Häuser eintreten, und hierfür gibt es auch nur ein sicheres Mittel: die Abschaffung der Häuser.

Man muß sich doch nur einmal in die Seele eines solchen Mädchens hineindenken. Hört sie denn je ein anständiges Wort? Gibt es für sie einen anderen Zweck auf der Welt, als Geld verdienen? Selbst in den Rendez-vous-Häusern in Paris, die sogar von anständigen (??) Frauen besucht werden sollen, gibt es nur einen Gedanken: „Geld verdienen". Während aber diese Frauen das Sündengeld mitnehmen können, werden die armen Bordellmädchen von jedem, mit dem sie zusammenkommen, ausgebeutet und betrogen. Ein pekuniärer Vorteil, eine Ersparnis für die Zukunft gehört zu den seltensten Ausnahmen. Sie sind lediglich Ausbeutungsobjekte für Mädchenhändler und Bordellbesitzer. Die Gesellschaft macht es ihnen fast unmöglich, zu einem anständigen Leben zurückzukehren. Die Belästigungen durch die Polizei, über welche früher viel geklagt wurde, haben zum großen Teil aufgehört, weil die Polizei sich überzeugt hat, daß dieses Nachforschen mehr Nachteile als Vorteile hat; aber trotzdem ist die Möglichkeit, eine passende Stellung für sie zu finden, fast ausgeschlossen. Durch die Krankheiten, die sie durchmachen, durch die Orgien, zu denen sie gezwungen werden, verlieren sie ihre Schönheit, ihre Gesundheit, ihren moralischen Halt, sie sinken von Stufe zu Stufe, bis sie schließlich im

Arbeiterbordell enden. Also auch hier dasselbe Resultat: „Beseitigung dieser Häuser."

Weshalb diese Forderung, die ja durch unsere Gesetzgebung angeordnet ist, noch immer soviel Gegner findet, ist eigentlich unbegreiflich. Es handelt sich doch um keinen Sprung ins Dunkle. Wir haben mehr Länder, in denen sie verboten, als in denen sie gestattet sind. Die Vereinigten Staaten von Amerika, Brasilien, Dänemark, Deutschland, England, Holland, Norwegen, Schweden und die Schweiz haben diese Häuser abgeschafft. Sind dadurch die Krankheiten schlimmer geworden, die Sittlichkeitsverbrechen gestiegen, und hat die Zahl der Zuhälter zugenommen? Allerdings kann ich die Gegenfrage: „Sind denn die sittlichen Zustände dadurch besser geworden?" nicht bejahen. Das liegt daran, daß die statistischen Angaben auf sexuellem Gebiet völlig unzuverlässig sind. Das eine steht fest, daß der Mädchenhandel stets in die Länder geht, in denen sich diese Häuser befinden. Wenn Amerika hierin scheinbar eine Ausnahme macht, so liegt dies an der Bestechlichkeit der Polizei, welche das Vorhandensein der Häuser nicht sehen will. In allen amerikanischen Städten bestehen heimliche Bordelle, welche ebenso zum Mädchenhandel gezwungen sind wie die konzessionierten.

Bei allen Gelegenheiten wird gegen unsere Bestrebungen der Vorwurf erhoben, daß wir an der Oberfläche arbeiteten und die Schwierigkeit der Frage umgingen. Der Hauptgrund des ganzen Mädchenhandels sei die heutige Form der Eheschließung. Durch diese werde die Prostitution und durch diese wieder der Mädchenhandel großgezogen. Glaubt man wirklich, durch die Ehe des Zukunftsstaates gesündere Verhältnisse zu erreichen? Möglich und denkbar ist es, daß der Mädchenhandel abnimmt; aber das Schicksal der Frauen wird viel trauriger werden, als bei der jetzigen Form der Eheschließung. Bei einer allgemeinen Abstimmung würden die Frauen die ersten sein, die sich gegen diese Form der Ehe aussprächen.

Leider ist es bisher noch nicht gelungen, in allen Ländern National-Komiteen zu begründen. Gerade in den Ländern, in denen die schlimmsten Zustände herrschen, sind bisher alle Versuche in dieser Beziehung gescheitert. In der Türkei, Griechenland, Rumänien, Serbien, Bulgarien existiert nichts derartiges. In Warschau ist allerdings ein russisches Zweig-Komitee, seine Tätigkeit ist aber minimal. In Ungarn ist ein Komitee begründet. Dieses scheint aber auch noch mit vielen Schwierigkeiten kämpfen zu müssen, da auch bei ihm die praktischen Erfolge noch nicht sehr hervorgetreten sind. Auf dem letzten Kongreß kamen diese Zustände zur Sprache, und von seiten des Internationalen Komitees in London wurde Abhilfe versprochen. Die Aussicht auf eine baldige Begründung dieser Komiteen ist aber auch noch heute eine geringe.

Deutsches National-Komitee

In Deutschland, und zwar in Berlin, wurde unmittelbar nach dem Besuch des Herrn Coote am 17. Januar 1899 das Deutsche National-Komitee begründet, welches den Kampf gegen den Mädchenhandel mit allen ihm zugebote stehenden Mitteln geführt hat. Bis zum Jahre 1904 stand der Kammerherr Ihrer Majestät der Kaiserin, Graf Keller, und von da ab der Wirkliche Geheime Rat von Dirksen, Reichstags- und Landtagsabgeordneter, an der Spitze des Komitees. Beide Herren haben es verstanden, sowohl Fühlung mit den staatlichen Behörden zu behalten, als auch die vielen Privatvereine zur Mitarbeit heranzuziehen. Unterstützt wurden sie hierbei dadurch, daß Seine Majestät der Kaiser und Ihre Majestät die Kaiserin wiederholt das wärmste Interesse für die Bewegung und für die Bestrebungen des National-Komitees gezeigt haben, nicht nur durch bedeutende pekuniäre Unterstützungen, sondern durch warme Anteilnahme an den einzelnen Phasen der Entwicklung. Über alle wichtigen Vorschläge hat sich Ihre Majestät Bericht erstatten lassen, und die Aufnahme der Kongreßmitglieder im Schloß zu Homburg (1902) ist eine beispiellose Ehrung des Komitees. Augenblicklich sind 76 große Vereine dem Komitee angeschlossen. Dieses ist intersozial und interreligiös und verfolgt trotz seiner nationalen Zusammensetzung internationale Ziele. Es müßte deshalb vom großen Publikum vielmehr unterstützt werden, als dies bisher der Fall ist. Je größer die Zahl der Mitarbeiter ist, desto größer ist auch die Aussicht auf Erfolg.

Durch die vielen Veröffentlichungen, die gerade in der letzten Zeit erfolgt sind, und die den Beweis liefern, daß es sich um ein aktuelles Thema handelt, wird hoffentlich das Interesse an der Arbeit geweckt werden. Eine Reihe praktischer Arbeiten, z. B. Verbreitung unseres hübschen Plakates in allen Städten Deutschlands an möglichst auffallenden Stellen, war bisher unmöglich, weil uns die finanziellen Mittel hierzu nicht zur Verfügung stehen. Wir hoffen aber, dies in allernächster Zeit nachholen zu können.

Durch die oben angegebene, international gültige Definition und die in Paris angenommenen beiden Protokolle ist die Tätigkeit der Regierungen klar vorgezeichnet. Dadurch ist aber leider die Frage des Mädchenhandels noch lange nicht gelöst. Ohne Mitwirkung des großen Publikums ist an einen erfolgreichen Kampf nicht zu denken. Dieses zur Mitarbeit heranzuziehen, ist eine unserer ersten und schwersten Aufgaben. Dazu gehört aber eine ständige Agitation, damit endlich die Ansicht durchdringt, daß der Mädchenhandel mit unserer Zivilisation und mit der Stellung der einzelnen Individuen im krassen Widerspruch steht. Hierzu ist wiederum eine genaue Kenntnis alles dessen, was mit dem Mädchenhandel zusammenhängt, nötig.

Ausblick

Ich komme zum Schluß. Ich habe in objektiver Weise die Verhältnisse geschildert, die zum Mädchenhandel geführt haben, und die Mittel angegeben, durch welche eine Einschränkung desselben möglich ist. Mir bleibt nur noch übrig, an jeden einzelnen meiner Leser die Bitte zu richten, diesen Kampf nicht als etwas Gleichgültiges anzusehen oder gar zu glauben, daß die Bekämpfung lediglich Sache des Staates sei. Der Staat ist machtlos, wenn nicht die Allgemeinheit hilft. Wir tragen sämtlich Schuld, daß derartige entsetzliche Zustände eingerissen sind. Der Spruch, daß die Männer polygamisch und nur die Frauen monogamisch geschaffen seien, ist ja sehr bequem, aber er ist egoistisch, ungerecht und grundfalsch. Daß Enthaltsamkeit zur Geisteskrankheit führt, ist eine Behauptung, die kein Arzt der ganzen Welt unterschreiben wird. Im Gegenteil ist gerade das berüchtigte „Ausleben" der Grund, weshalb wir so auffallend viele junge Greise in der Gesellschaft sehen. Daß junge Leute sich an der Arbeit der Bekämpfung des Mädchenhandels beteiligen, ist kaum zu hoffen. Wir sind ja schon zufrieden, wenn sie die Berechtigung unserer Arbeit anerkennen. Daß aber die städtischen Behörden in so vielen Städten von unserer Arbeit nichts wissen wollen, ist mehr als traurig und wirft auf die Sittlichkeitsbestrebungen unserer Zeit ein merkwürdiges Licht. Wir befinden uns in Deutschland mit unserer Moral auf einer schiefen Ebene. Die Erzeugnisse der Pornographie, sowohl auf dem Gebiet der Photographie als auch in der Herausgabe pikanter Lektüre, ist nicht nur bei uns, sondern sogar im Ausland zum großen Teil in deutschen Händen; die Kellnerinnen der ganzen Welt rekrutieren sich aus deutschen Mädchen, die Achtung vor dem Weiblichen Geschlecht ist im Sinken, das Nachtleben in den großen Städten so überschäumend, wie nirgends in der Welt. Gibt es wirklich keine Ideale mehr? Kann der Materialismus uns in der Tat befriedigen? Wird der einzelne nicht stutzig, wenn er sieht, daß sein Leben solche Erscheinungen zeitigt, wie den Mädchenhandel? Wie ist es möglich, daß diese Mädchen, welche das denkbar traurigste Leben führen, Freudenmädchen genannt werden können? Wie ist es erklärlich, daß femmes entretenues hochgestellter Persönlichkeiten durch die Stellung des Mannes gesellschaftsfähig gemacht werden können? Ist dies bloße Gedankenlosigkeit, oder hat nicht in der Tat eine Umwertung aller moralischen Begriffe derartige Folgen gezeitigt?

Wir sind kein eitles Volk, das sich damit brüstet, an der Spitze der Zivilisation zu marschieren, aber wir waren doch immer ein gesundes Volk, welches stets die Kraft in sich selbst fand, sich aus den schwierigsten Verhältnissen und unglücklichsten Zeiten wieder heraufzuarbeiten. Diese Kraft müssen wir uns erhalten. Dies können wir unter allen Umständen, wenn wir der Unsittlichkeit, welche sich überall breit zu machen versucht, entgegentreten und uns nicht von ihr beherrschen lassen. Ich bin absichtlich nicht auf die Statistik der Geschlechtskrankheiten eingegangen, weil sie völlig unzuverlässig ist. Die französischen Tabellen beweisen, daß durch die öffentlichen Häuser der Gesundheitszustand des Landes sich gebessert hat, während die englischen Listen eine Besserung der Volksgesundheit von der Abschaffung dieser Häuser herleiten.

Die deutschen Listen sind nur von einem Teil der befragten Ärzte aufgestellt. Ein großer Teil der Ärzte hat auf die an sie gerichteten Fragen nicht geantwortet, und die Naturheilkundigen, welche 50% der Kranken behandeln, sind überhaupt nicht befragt. Wie man aus diesen willkürlich zusammengesetzten unzuverlässigen Listen und Zahlen irgendeinen Beweis herleiten kann, ist mir nicht erklärlich.

Der Standpunkt, den die städtischen Behörden in der Frage des Mädchenhandels zum großen Teil einnehmen, ist ein falscher. Daß die Prostitution nicht zu beseitigen ist, weiß jeder, der im öffentlichen Leben steht. Das kann und darf doch aber nicht dahin führen, die Prostituierten zu sanktionieren und aus ihnen womöglich pensionsberechtigte Staatsbeamtinnen zu machen. Das Bordell hat keinen Vorteil, aber tausend Nachteile. Zu diesen Nachteilen gehört in erster Linie, daß durch sie der Mädchenhandel entstanden und großgezogen ist. Diese Ansicht muß in das große Publikum dringen, dann wird die Zahl der Anhänger der öffentlichen Häuser sich verringern, dann wird es möglich werden, strafrechtlich gegen die Inhaber vorzugehen und ihre Häuser zu schließen.

Bei der Begründung der National-Komitees war dieser Kampf nicht vorgesehen, ja, er war sogar direkt verboten. Durch die Vertiefung der Arbeit mußte aber diese Einschränkung fallen und der Kampf aufgenommen werden. Wenn wir hierbei sehen, wie tief bereits die Unsittlichkeit sich eingenistet hat, dann ergibt sich, daß auch auf diesem Gebiet energischer gearbeitet werden muß. Dies ist aber Sache der religiösen und Sittlichkeitsvereine. Ein einzelner Verein ist nicht imstande, alle Übelstände, die auf sittlichem Gebiet vorhanden sind, zu beseitigen, dazu gehört in erster Linie Arbeit an sich selbst und die Erkenntnis, daß man mit schönen Worten eine so traurige Erscheinung, wie den Mädchenhandel, nicht beseitigen kann.

In den letzten Jahren ist in den Zeitungen, Zeitschriften und Büchern so viel über den Mädchenhandel geschrieben, daß es kaum möglich ist, Neues darüber zu sagen. Trotzdem gebe ich mich der Hoffnung hin, daß die vorstehenden Zeilen dem Kampfe gegen den Mädchenhandel wenigstens einige neue Kämpfer hinzuführen und vor allem die Leichtgläubigkeit der jungen Mädchen und besonders ihrer Eltern erschüttern werden.

Alle Wege führen nach Rom. Es werden von anderer Seite andere Mittel zum Kampf gegen den Mädchenhandel angegeben werden. Der sicherste und kürzeste Weg aber ist: Beseitigung aller öffentlichen Häuser. Möge es nicht zu lange dauern, ehe dies Ziel erreicht wird.

Wir glauben, unsere Ausführungen nicht wirksamer schließen zu können, als durch die Wiedergabe nachstehender Ausführungen in der Sitzung vom 14. Februar 1911 des Preußischen Hauses der Abgeordneten (gekürzt nach dem stenographischen Bericht):

Abgeordneter Marx:... Mit dieser Frage — der Prostitution — steht in naher Verbindung die Frage der Bekämpfung des Mädchenhandels. Das Deutsche Nationalkomitee zur internationalen Bekämpfung des Mädchenhandels unter der bewährten Leitung unseres verehrten Mitgliedes Exzellenz v. Dirksen hat seit Jahren in dieser Beziehung überaus segensreich gewirkt. Ich möchte den Herrn Minister bitten, den Bestrebungen dieses Komitees nach jeder Richtung bis an die Grenzen jeder Möglichkeit seine hilfreiche Hand zuteil werden zu lassen. (Bravo!) Ich möchte Sie bitten, das Bestehen des Mädchenhandels durchaus nicht als etwas zu behandeln, was sich vielleicht in den Köpfen einiger, besonders für diese Frage interessierter Männer gebildet hätte. In den letzten Jahren haben sich die Verurteilungen wegen Mädchenhandels und die Nachrichten über Verschleppungen von Mädchen ganz ungeheuer gesteigert, und gerade in den letzten Wochen haben Mädchenhändler die verschiedensten, auch ländliche Gegenden aufgesucht, um unter Vorspiegelung der mannigfachsten Tatsachen dort Mädchen zu verschleppen; es sind solche Fälle in Hangard, Sulzbach, Saarlouis und anderen Gemeinden vorgekommen. Ich meine, auch die Herren im Hohen Hause werden die Liebenswürdigkeit haben, in jeder Weise die Bemühungen des Nationalkomitees zu unterstützen und der Bekämpfung des Mädchenhandels ihre Aufmerksamkeit zu leihen.

Minister des Innern v. Dallwitz: Meine Herren, ich bin gern bereit, soweit mein Ressort in Frage kommt, den Wünschen, die der Herr Abgeordnete Marx soeben ausgesprochen hat, nachzukommen und dem Komitee zur Bekämpfung des Mädchenhandels tunlichste Förderung angedeihen zu lassen, um so mehr, als ich die Ehre gehabt habe, diesem Komitee längere Jahre selbst anzugehören.

CPSIA information can be obtained
at www.ICGtesting.com
Printed in the USA
LVHW041018020323
740706LV00008B/1056

9 789356 901186